Hurtigruten – Das Schiffstagebuch

BOOKS on DEMAND

Meinen Eltern gewidmet

Alexandra von Gutthenbach-Lindau

Hurtigruten - Das Schiffstagebuch

Ein Jahr als Reiseleiterin mit der Flotte unterwegs

Bibliografische Information der Deutschen Nationalbibliothek:
Die Deutsche Nationalbibliothek verzeichnet diese Publikation
in der Deutschen Nationalbibliografie; detaillierte bibliografische Daten sind im Internet über http://dnb.dnb.de abrufbar.

© 2018 Alexandra von Gutthenbach-Lindau

Illustration: **Alexandra von Gutthenbach-Lindau**
Herausgeber: **Insidenorway**

Herstellung und Verlag: BoD – Books on Demand, Nor-
derstedt

ISBN: 978-3-7460-2421-9

Inhaltsverzeichnis

Nordlicht und Sterne oder:
wo geht's denn hier zum Wetter?

MS Nordkapp, 26. März

Der Anreisetag ist da. Und mit ihm die Idee, ein Jahr lang so etwas wie ein Tagebuch auf meinen Touren zu führen. Natürlich ist die Reiseroute jedes Mal fast dieselbe, aber immer wieder entdecke auch ich an der Strecke neue Highlights oder es passiert das ein oder andere, was so nicht geplant war. Ich bin sehr gespannt, ob es mir neben meinem Job als Reiseleiterin gelingt alles festzuhalten.

Natürlich ist der Tag, an dem die Gäste kommen, immer besonders spannend und aufregend. Am Flughafen warten wir, bis der erste Flieger in Bergen landet. Begrüßen, auf der Liste abhaken, Schlüsselbänder aushändigen. Der große Schwung kommt meist geballt mit demselben Flug und alle sind gespannt auf die Reise, die vor ihnen liegt. Da wir diesmal mit der Themenreise „Nordlicht & Sterne" unterwegs sind, haben wir zwei Lektoren dabei, die während der Tour zahlreiche Vorträge halten über alles, was das Universum zu bieten hat. Auf dem Weg zum Schiff machen wir noch eine kleine Rundfahrt durch Bergen, damit die Gäste wenigstens einen kleinen Eindruck von der Stadt gewinnen können. Am Schiff heißt es Bordkarten aushändigen, Sicherheitsübung, erste Fragen klären. Alles wuselt wie üblich durcheinander und die Gäste erkunden fleißig das Schiff. Diesmal fahren wir mit der MS Nordkapp. Wir Gruppenreiseleiter sind nicht an ein Schiff gebunden, sondern werden dort eingesetzt, wo eben die Gruppenreisen stattfinden. Im Laufe des Jahres kommt da so ziemlich die ganze Flotte zusammen. Da wir uns im Moment noch im Winterfahrplan befinden, bleibt bis zum Ablegen noch genug Zeit um die erste Runde am Buffet zu starten. Um 22:30 Uhr geht es dann endlich los. Bergen verschwindet langsam in der Dunkelheit. Kurs Nord.

MS Nordkapp, 27. März

Der erste volle Bordtag. Wetter gut, alles gut. Nach den Zwischenstopps am Morgen sind wir pünktlich in Ålesund. Nachdem wir ja am Sonntag gestartet sind, füllen wir hier erstmal unsere Getränkevorräte auf. Klar gibt es die auch auf dem Schiff, aber es geht einfach nichts über Supermarktpreise. Tag zwei ist immer sowas wie der richtige Kennenlerntag. Langsam bekommen wir Reiseleiter ein Gefühl dafür, wer zu unserer Gruppe gehört. Die Gesichter prägen sich ein und auch Kollegen und Lektoren lernt man jetzt richtig kennen. Auch wir treffen uns erst am Anreisetag, aber gerade das ist das Spannende und macht den Job nie langweilig.

Kurz bevor wir in Ålesund anlegen, fängt es an zu regnen, also begraben wir unsere Absicht, heute wieder einmal auf den Hausberg Aksla zu klettern. Wie gut, dass in der Fußgängerzone ein Outlet wohnt. Da sich in der unteren Etage ein riesiger Souvenirshop befindet, nimmt man das Paradies, das im Obergeschoss wartet, nicht gleich wahr. Ich habe ja generell kein Shopping-Gen, aber bei 50% Preisnachlass auf Dale, Bergans und Helly Hansen kann ich meist nicht widerstehen, die ein oder andere Krone hier zu lassen. Den Gästen geht es übrigens ähnlich und ich überlege mir schon, ob ich vielleicht über Provision verhandeln sollte. An Tag drei laufen jedenfalls auffällig viele durch das Schiff, die mit einem neuen Dale-Pullover ausgestattet sind.

Am Abend deponiere ich in Molde ein Päckchen unseres kleinen privaten Postservices. Wir Reiseleiter bringen uns immer mal gegenseitig kleine Lieferungen mit, vor allem aus Deutschland. Eben das, was in Norwegen teuer oder nicht erhältlich ist. Dieses Mal bin ich der Postkurier und das Hotel Alexandra in unmittelbarer Nähe zum Kai ist sozusagen unser Postamt. Schließlich sind wir ja auch ein Postschiff, da kann man die Tradition gleich aufrecht erhalten. Zuweilen stapeln sich an der Rezeption im Hotel die hinterlegten Kleinigkeiten.

Ich laufe gleich weiter zum Scandic Seilet Hotel. Es ist ja mittlerweile das Wahrzeichen von Molde geworden und ich finde es wunderschön, wenn sich unser Schiff beim Einlaufen darin spiegelt. Der halbstündige Aufenthalt reicht heute jedoch nicht um ganz zum Hotel zu kommen. Unglücklicherweise liegt das Stadion davor und der Weg zieht sich. Und die Uhr hat man ja auch noch im Nacken. Bei einer der nächsten Touren will ich südgehend noch einmal hier vorbei schauen und unbedingt in die oberste Etage fahren. Von hier blickt man direkt ins Stadion und auf Molde.

MS Nordkapp, 28. März

Heute in Trondheim liegt die MS Vesterålen neben uns. Irgendwie bin ich auf dieses Schiff abonniert, denn es vergeht zur Zeit fast keine Tour, auf der sie nicht zeitgleich mit mir in Trondheim oder Rørvik ist. Die Sonne übt sich in Zurückhaltung, aber natürlich starten alle nach dem Frühstück in die Stadt. Mit meinem Kollegen mache ich mich auf zur Festung Kristiansten, ich war lange nicht oben, denn meistens scheue ich den Anstieg, da ich von der Sorte „unsportlich" bin. Heute will ich aber von hier den Ausblick auf die Stadt genießen. Wir wählen den Einstieg, der am nächsten zum Anleger ist. Die Bäume haben sich ja noch nicht in ihr grünes Blätterkleid gehüllt und so liegt der Dom imposant hinter den Baumgipfeln. Damit wir nicht zu lange verharren, schickt uns der Himmel gleich mal einen kräftigen Graupelschauer. Iiiiiiiiiiiiiiih. Wir stapfen natürlich weiter. Mächtig kalt hier oben. Aber der Blick auf Trondheim ist einfach immer wieder fantastisch. Wen stört es da schon in knöchelhohem Matsch zu waten.

Wo wir schon einmal hier oben sind, schauen wir uns die Abfahrt der MS Vesterålen auch an. Sie lässt sich ewig Zeit, aber dann sehen wir sie Richtung Munkholmen gen Süden fahren. Auf einen Abstecher wollen wir noch zum Nidarosdom. Aus dem Himmel graupelt es weiter. Mit der vagen Hoffnung, dass es wieder besser wird, warten wir im gegenüber liegenden Innenhof eine gefühlte Ewigkeit, bis wir befinden, dass der Nidarosdom heute doch nicht so wichtig ist. In drei Wochen sind wir ja wieder hier. Also zurück zum Schiff. Es graupelt weiter. Trotz Kapuze sind wir irgendwann nass geregnet und stellen uns zum ungefähr tausendsten Mal unter. Eine gute Gelegenheit um sich die Vårfruekirke von innen anzuschauen. Die mittelalterliche Steinkirche liegt mitten in der Stadt und in ihr erhalten Bedürftige Kaffee und Kuchen. Das Ganze findet wegen Platzmangel direkt im Kirchenschiff statt. Das mag ich an

Norwegen. Für alles gibt es eine unkomplizierte Lösung. Und die Kirche ist wirklich sehenswert. Prächtig ausgestattet mit einem fulminanten Altar und einer wunderschönen Orgel. Nebenbei können wir uns hier halbwegs trocken legen, allerdings ist der Nachteil, dass man danach noch viel weniger hinaus in die Kälte möchte. Immerhin hat sich zwischenzeitlich der Graupelschauer verzogen. Für fünf Minuten. Also wieder unterstellen. Diesmal an einem kleinen Second-Hand-Laden. Und während wir bereits davor stehen, erzählt mir mein Kollege vom trash-verdächtigsten Laden in Trondheim, ohne zu merken, dass wir bereits seit zwei Minuten durch die Scheibe von selbigem glotzen. Also nichts wie hinein. Ich glaube ich habe noch nie so viel altes Geraffel auf einem Haufen gesehen. Von Klamotten bis Geschirr gibt es hier alles, allerdings frage ich mich ernsthaft, ob es für dieses Katastrophenangebot wirklich Käufer gibt. Der Laden ist so vollgestopft, dass man sich kaum bewegen kann, ohne die Auslage zu zerstören und der aromatische Geruch von Mottenpulver löst in mir auch keinen exzessiven Shopping-Wahn aus. Nach fünf Minuten weiß ich nicht, was ich schlimmer finde. Trocken im Laden oder nass draußen. Die Abfahrtszeit unseres Schiffes nimmt uns die Entscheidung ab, da die wir uns zwölf Uhr nähern. Graupel hin oder her, schließlich gibt es auf dem Schiff Duschen.

Schon wieder ist es so weit. Wir überschreiten den Polarkreis. Der hat sich heute besonders herausgeputzt. Ich gebe zu, dass ich nordgehend nicht grundsätzlich an Deck bin, wenn der Moment da ist, aber heute kann auch ich nicht widerstehen, mir bereits um 7:15 Uhr den arktischen Wind um die Nase wehen zu lassen. Sonne und Wolken fügen sich heute zum sensationellen Licht-Mix ineinander. Auch ein Großteil unserer Gruppe hat sich an Deck begeben, fast niemand kann sich der wunderschönen Lichtstimmung entziehen. Kameras und Handys sind gezückt und insgeheim überlegt jeder schon, ob er eine Chance auf die Fahne hat, der erste Preis beim Polarkreisüberschreitungstipp-Wettbewerb. Ich gebe zu, dass ich jedes Mal versucht bin, mitzumachen. Ich will die Fahne. Auch wenn ich auf das Autogrammfestival, das sich darauf befindet, verzichten kann. Aber die Fahne eben. Rein theoretisch dürfen wir Reiseleiter am Ratewettbewerb, wann wir denn nun den Polarkreis überschreiten, teilnehmen. Denn auch wir wissen nicht genau, wann es denn so weit ist. Von 7:03 Uhr bis 8:15 Uhr habe ich schon alles erlebt. Trotzdem sähe es irgendwie eigenartig aus, wenn wir als Gewinner die Fahne in Empfang nehmen würden. Also üben wir uns in vornehmer Zurückhaltung.

Etwas später wird der Gewinner dann auch bekannt gegeben. Die Polartaufe steht an. Jetzt im Winter bringen die Temperaturen uns nicht gerade dazu in der ersten Reihe zu stehen. Kalt und so. Vorsichtshalber verziehe ich mich nach ganz hinten, denn wir Reiseleiter bekommen ja gerne mal den ganzen Eimer Eiswasser ab. Das Vergnügen hatte ich bei meiner ersten Tour überhaupt, auch eine Winterreise. Heute habe ich Glück. Unser Bordreiseleiter hat mit unserer Tour seinen Dienst auf der Nordkapp angetreten und muss dran glauben. Ich bin nicht neidisch.

Hier am Polarkreis sichten wir auch die alte Lady MS Nordstjernen, die brav bis zum Nachmittag hinter uns her fährt. Alle stehen wir am Heck um die besten Fotos des eleganten Schiffes zu erhaschen, schließlich sieht man die ehemals Flottenälteste nicht alle Tage. Seit das Schiff verkauft wurde, kommt der MS Lofoten der Titel Flottenälteste zu. Wir hoffen alle, dass die Nordstjernen bis Bodø mitfahren möge und ein kleiner Besuch drin ist. Als wir in Bodø anlegen, haben wir sie aus den Augen verloren, dafür liegt die AIDAcara gleich neben uns. Kein adäquater Ersatz, finden wir. Doch man soll ja die Hoffnung nicht aufgeben. Tatsächlich schwebt sie dreißig Minuten nach uns in den Hafen und macht ebenfalls neben der AIDA fest. Es hat ein bisschen was von David gegen Goliath. Natürlich machen wir uns gleich auf zur MS Nordstjernen. Die Passagiere, die mit ihr zur Tour aufbrechen, kommen erst morgen und so wenden wir das allseits bekannte Augenklimpern an, um zu einer kleinen Schiffsbesichtigungstour zu starten. Die Holzplanken an Deck sind so glatt, dass es quasi einer Schlittschuhbahn gleich kommt, aber wir hangeln uns erfolgreich die Reling entlang. Und sind sofort Fans des nostalgischen Designs. Da die Nordstjernen genau unterhalb des Scandic Hotels liegt, befinden wir, dass wir von der Aussichtsterrasse das Schiff von oben fotografieren und nebenbei den Ausblick auf die Stadt Bodø im Sonnenschein genießen können.

Der Winter gibt weiterhin tüchtig Gas und so präsentiert sich der Ausblick auf die Stadt in schneebedeckter Pracht. In einem Reiseführer habe ich einmal gelesen, Bodø sei eine sachliche Stadt ohne optische Höhepunkte. Ja, das kann man nicht ganz von der Hand weisen. Aber der Blick auf den Yachthafen von der Hotelterrasse ist wirklich hübsch. Bodø punktet eben mehr durch seine Umgebung.

Nachdem der Vestfjord uns wohl gesonnen ist und sich mit Schaukelwetter zurück hält, beschert uns die Einfahrt im Hafen von Stamsund allerschönste Wetterherrlichkeit. Blöderweise genau zum Abendessen. Da Lichtstimmungen die unangenehme Angewohnheit haben, nur von kurzer Dauer zu sein, rutscht so ziemlich jeder unruhig auf seinem Stuhl rum, während die Hauptspeise serviert wird und die großartigsten Fotomotive an uns vorbei ziehen. Wir sind ab sofort dafür die Mahlzeiten an Deck einzunehmen, die Kamera in der Hand. Nach dem Essen stürmen wir alle raus - aber - das Licht hat sich verzogen. Die

Sonne ist bereits hinter den Horizont gehüpft. Heute wird das also nichts mehr. Am späten Abend schaukeln wir in den Raftsund, aber der ist uns heute nicht wohl gesonnen. Zu windig um an die Mündung des Trollfjords zu fahren. Da außerdem ein eisiger Wind pfeift, verziehen sich alle schnell ins Schiffsinnere. Zu kalt, zu ungemütlich. Morgen ist ja auch noch ein Tag.

MS Nordkapp, 30. März

Wir nähern uns dem Nordlichtoval und damit steigt unsere Hoffnung, dass es endlich losgeht mit dem Feuerwerk am Himmel. Wenigstens der KP-Index beglückt uns schon mal mit fotofreundlichen Werten. Jetzt muss nur noch der Himmel seinen Teil dazu beitragen und die Wolkendecke irgendwo anders hinschicken. Nach langer Zeit steige ich heute mal wieder in Finnsness aus. Ein paar Schritte laufen tut auch ganz gut. Am Pier herrlich blankes Eis und die Spikes liegen auf der Kabine. Also rutschen wir die hundert Meter und begutachten unser Schiff von hinten. Fotos machen, quatschen. Wie schnell doch eine halbe Stunde rumgehen kann. Als wir das obligatorische „tut" hören, müssen wir uns der Herausforderung stellen, uns in Windeseile zurück zur Gangway zu hangeln. Bloß nicht als Reiseleiter das Schiff verpassen. Und wo wir doch den Gästen immer einbleuen, dass man unbedingt pünktlich wieder da sein muss, sind uns tagesfüllende ironische Bemerkungen sicher. Aber wir schaffen es unter Inkaufnahme von Hinfallen und blauen Flecken. Kaum sind wir drin, geht die Gangway hoch. Glück gehabt.

Je weiter wir nach Norden kommen, je mehr wird der Schnee. War doch im Januar in Tromsø von der weißen Pracht nichts zu sehen, dreht der Winter jetzt im März noch mal so richtig auf. In der Stadt türmt sich der Schnee auf fünfzig Zentimeter, Sitzbänke und alles andere, was bodennah ist, liegt begraben. Alle paar Meter liegt ein Berg aus zusammen gekehrter Winterseligkeit und von oben schneit es gleich kräftig nach. Die AIDAcara scheint uns zu verfolgen, auch heute hat sie neben uns fest gemacht. Heute werden wir ihr aber davon fahren, denn an der Tromsøbrücke muss sie höhenmäßig kapitulieren. Das Wetter ist so schmuddelig, dass ich mich heute nicht motivieren kann, einen Abstecher Richtung Polarmuseum oder sonst wohin zu machen. Da ist es doch viel besser, den Blick auf die Eismeerkathedrale vom Schiff aus zu genießen. Außerdem ist das Expeditionsteam der Nordlys heute bei uns auf der Nordkapp unterwegs und dreht ein Commercial, auch für die Gäste ein Anziehungspunkt. Schließlich wird nicht jeden Tag auf dem Schiff gedreht. Für uns heißt das Kollegen begrüßen und mit dem ein oder anderen einen kleinen Plausch halten. Ein schöner Moment auf jeder Tour, wenn man sich trifft.

Weiter geht es Richtung Skjervøy. Mittlerweile sind die Tage schon so lang, dass Nordlicht vor 22 Uhr kaum noch drin ist. Nachtschicht also. Um ein Uhr geben die meisten auf. Der Himmel will uns einfach nicht mit sternenklar erfreuen. Vor unseren Lektoren ziehe ich wirklich den Hut, denn sie unterbrechen jede Stunde ihren Schlaf um nach der grünen Pracht Ausschau zu halten. Vergebens. Diese Nacht wird nichts aus Nordlichtern.

MS Nordkapp, 31. März

Nordkapptag. Die wichtigste Frage heute: werden wir zum Kapp fahren können? In den letzten Wochen ist die Insel Magerøya mit reichlich Sturm gesegnet und das ein oder andere mal waren die Schneeverwehungen so gewaltig, dass die Straße zum Nordkapp gesperrt blieb. Als wir in Honningsvåg anlegen lacht die Sonne vom Himmel, was so gut wie gar nichts heißt, denn das bedeutet nicht zwangsläufig, dass auch am Nordkapp gutes Wetter herrscht. Gerade hier im Norden ist das Wetter launisch. Aber diesmal klappt es. Wie immer fahren wir mit reichlich Bussen, denn die meisten Gäste wollen den Nordrand Europas sehen. Die Fahrt dorthin genieße ich heute besonders, alles liegt tief verschneit da, unter zwei Meter Schnee begraben. Wunderschön. Am Kapp angekommen, entscheidet sich die Sonne hinter dunklen Wolken zu verschwinden und ein paar kräftige Graupelschauer vorbei zu schicken. Zusammen mit dem Wind ist das wie sandgestrahlt werden. Gut, dass es die Nordkapphalle gibt, in der man sich immer wieder aufwärmen kann. Das tue ich dann auch dreimal, ungefähr alle zwanzig Gaste, die ich am Globus fotografiere. Finger sind vor Kälte irgendwann nicht mehr zu gebrauchen. Zwei Norweger haben sich mit dem Schneemobil bis zum Nordkapp vorgekämpft und fahren auf dem Rückweg sozusagen als unsere Eskorte mit. So ziemlich alle im Bus möchten gerne tauschen und mit über die Insel sausen.

Nach den Stopps in Kjøllefjord und Mehamn haben wir uns am Abend in Berlevåg zum Winken versammelt. Die Vinkekonkurranse ist im Winter zwar ein eher zurückhaltendes Ereignis, aber wir wollen die MS Nordlys begrüßen, die ein Schiff vor uns ist. Außerdem ist eine Kollegin von uns auf der MS Nordlys mit einer Gruppe unterwegs und das ist eben unter uns Reiseleitern die klassische Verabredung. Ein Dreißig-Sekunden-Appointment sozusagen. Es windet und es schneit und als wir in Berlevåg anlegen, sehen wir die Nordlys bereits draußen auf der Barentssee schwimmen. Es ist so ungemütlich an Deck, dass wir nur hoffen das Winken möge bald kommen. Als wir wieder hinaus fahren, ahnen wir es schon: winken versackt heute eher in der Kategorie „meilenweit entfernt". Gut, dass die Lektoren ihre Laserpointer dabei haben und wir malen rote Strahlen in den Himmel. Die Nordlys kümmert es wenig und lässt Berlevåg aus. Im Winter nichts ungewöhnliches. Nicht umsonst heißt es beim örtlichen Radiosender oft: die Hurtigrute fuhr heute wieder pünktlich an uns vorbei.

MS Nordkapp, 1. April

Wendetag. Rollo hoch und: gutes Wetter. Ich blinzle um 6:30 Uhr mal aus dem Fenster. Die Sonne lacht vom Himmel. Das ist doch ein guter Moment um zum ersten Mal Vadsø zu sehen. Sieben Uhr morgens ist ja nicht meine bevorzugte Zeit um beim Anlegen zuzuschauen, aber das klare Winterwetter ist dann heute doch zu verlockend. Ich stapfe also raus. Haare und Schminke müssen heute warten bis wir wieder ablegen. Wie alle Städte hier im Norden ist auch Vadsø keine architektonische Perle, aber es schmiegt sich kuschelig in die Hügel. Die gegenüberliegende Kirche ist hübsch anzuschauen und die Boote liegen noch im Winterschlaf. Viel Schnee hier. Und der allseits beliebte arktische Wind bläst auch ganz schön. Nach dem morgendlichen Rundgang auf Deck fünf ist man auf jeden Fall wach.

Weiter geht es Richtung Kirkenes. Unsere Verspätung bauen wir etwas aus, der Wind scheint gegen uns zu arbeiten. Dafür empfängt uns Kirkenes mit strahlend blauem Himmel. Wie immer steigen hier viele aus und starten zurück Richtung Heimat. Da mein Kollege mit zum Schneehotel fährt, beschließe ich Prestøya zu erobern. Auch unsere Lektoren wollen die Halbinsel auf Fototauglichkeit überprüfen. Also runter vom Schiff. Kaum draußen befinde ich, dass der Wind mich heute nicht motivieren kann, mich längerfristig außerhalb des Schiffes aufzuhalten. An sich bin ich ja ein Winterfan, aber jetzt giere selbst ich nach ein wenig Frühling. Ich reduziere das Außenprogramm also auf den Weg zum nahegelegenen Supermarkt. Schließlich muss auch der Getränkevorrat wieder aufgefüllt werden. Herrlich glatt in Kirkenes. Man muss mehr von schlittern als von gehen reden. Und Kirkenes wäre nicht Kirkenes, wenn das Wetter nicht auch einmal im Handumdrehen wechseln würde. Nach gefühlten dreißig Sekunden im Supermarkt finde ich mich im Schneesturmchaos wieder. Hilfe. War da nicht eben noch Sonne? Jetzt tobt es draußen und der Schnee kriecht wirklich in jede Jackenritze. Zweihundert Meter zurück zum Schiff können ja so lang sein, vor allem wenn der Wind einen bevorzugt in die falsche Richtung schiebt. Natürlich wechselt das Wetter zwei Minuten nachdem ich mich zur Gangway vorgekämpft habe, wieder zu Sonnenschein. Nordnorwegen eben.

Als wir ablegen, wird uns wieder bewusst, dass wir ab jetzt südgehend sind. Da ist man eben erst in Bergen gestartet und schon ist der Wendepunkt da. Ich bin gespannt, ob sich am Nachmittag jemand zum Eisbaden in Vardø angemeldet hat.

Bisher war der Teilnahme-Elan auf meinen Touren eher zurückhaltend bis nicht vorhanden, wobei ich dafür vollstes Verständnis habe, da mich nichts und niemand dazu bringen könnte, freiwillig in zwei Grad warmes Wasser zu steigen und das auch noch bei lauschiger Außentemperatur von minus fünf Grad. Aber unser Schiff ist das Schiff der Mutigen. Elf trauen sich und natürlich mischen auch wir Reiseleiter uns unter die Schaulustigen. Einer nach dem anderen hüpft tatsächlich rein. Hut ab.

Am Nachmittag folgt auch gleich die Ankündigung, dass der Wind uns in der Barentssee nicht so wohlgesonnen ist, es wird also wieder mal schaukeln. Auch die Nordlichtvorhersage lässt uns eher nicht in Jubelstürme ausbrechen. Der KP-Index sagt zwar eine hohe Nordlichtwahrscheinlichkeit voraus, aber die Wolken sind wieder mal unser Feind. Die Show droht also wieder mal ohne uns statt zu finden. Auch aus Winken in Berlevåg wird heute nichts, die MS Finnmarken kuschelt immer noch in der Werft in Trondheim mit der MS Spitsbergen. Wir schaukeln uns also ohne Schiffsbegegnung Richtung Honningsvåg. Die Hoffnung auf besseres Wetter stirbt zuletzt.

MS Nordkapp 2. April

Endlich lacht die Sonne wieder. Dementsprechend versammelt sich heute alles an Deck um die Landschaft zu genießen. Beim

Halt in Honningsvåg am frühen Morgen kann mich aber noch keiner zu einem Gang nach draußen bewegen. Bald ist Hammerfest in Sicht. Und kein Wölkchen am Himmel. Der Ausstieg ist heute auf Deck zwei verlegt, die Gangway will schon seit Tagen nicht so richtig funktionieren. Heute wird sie repariert und wir nehmen den Ausgang über das Autodeck. In der Stadt knarrt der Schnee unter unseren Füssen und wir werden noch mal so richtig winteraffin. Bestimmt ist der Ausblick vom Salen heute atemberaubend, aber unsere Idee, den Zick-Zack-Weg zu erobern, wird im Keim erstickt. Geschlossen. Kein Wunder, denn vom Hinweisschild sieht man aufgrund der Schneemassen nur noch die obere Kante. Und durch hüfthohe weiße Pracht wollen wir uns dann doch nicht kämpfen. Also stapfen wir eine Weile auf dem Rathausplatz herum bis einer unserer Lektoren das Geocaching aufleben lässt. In Hammerfest gibt es den ein oder anderen „Schatz", den man suchen kann. An der Kaimauer stochern wir im Schnee und suchen nach einem magnetischen Gegenstand, der da irgendwo versteckt sein soll und nach kurzer Zeit suchen auch ein paar der Gäste fleissig mit. Alle anderen fragen sich wahrscheinlich, ob wir an leichter Verstörung leiden, wie wir da Zentimeter für Zentimeter alles absuchen. Irgendwann geben wir dann aber doch auf, unter den Schneemassen ist heute einfach nichts zu finden.

MS Nordkapp, 3. April

Vesterålen-Lofoten-Tag. Nachdem uns auch letzte Nacht die Nordlichter wieder mal haben hängen lassen, freuen wir uns auf den Tag voller Highlights. Also Rollo hoch und: Regen. Ja was hat sich Neptun da ausgedacht. Bereits am Morgen in Harstad möchte man lieber im Bett bleiben als hinaus in den Regen zu gehen. Ich hoffe für die Gäste, dass der Vesterålen-Ausflug nicht total ins Wasser fällt. Wie wir später erfahren, ist das persönliche kleine Wolkenloch den Ausflug über neben dem Bus hergeflogen und es wurde eine tolle Tour. Wir auf dem Schiff halten uns heute eher drinnen auf, aber als die Risøyrenna naht, zieht es uns doch alle wieder an Deck. Der Regen peitscht, der Wind pfeift. Ideales Foto-Wetter also. Trotzdem klicken natürlich die Kameras. Vor allem als wir in Risøyhamn anlegen. Wir versammeln uns am Bug, da wir unbedingt die ramponierte Kaimauer sehen wollen, auf der sich die MS Trollfjord ein paar Tage zuvor verewigt hat. Und auch wir zittern heute ein wenig, als wir uns vor dem Kai um die eigene Achse drehen um backbord anzulegen. Aber alles geht gut und wir schauen am Schiff herunter auf das geborstene Metall der Kaimauer. In Strömen regnet es immer noch. Bald schon ist es Zeit sich zum Winken fertig zu machen. Die Ausflugsbusse der Vesterålen-Tour fahren über die Sortlandbrücke, während wir mit dem Schiff drunter durch fahren. Das wird bei dem Wetter heute ein besonderes Vergnügen. Aber wozu gibt es wasserfeste Kleidung. Der Kern unserer Truppe ist natürlich mit von der Partie. Schon weit im Voraus ist die Sortlandbrücke in Sicht und es dauert eine gefühlte Ewigkeit, bis sie endlich näher kommt. Wir warten wirklich bis zum Schluss damit, uns gegen den Wind an den Bug zu kämpfen. Man kommt kaum um die Ecke und wir platzieren uns breitbeinig mit Fahnen, Handtüchern und allem, was sonst noch zum Winken geeignet ist. Natürlich weht der Wind uns auch so richtig schön den Regen ins Gesicht. Nach zehn Sekunden sind wir von hinten trocken und von vorne geduscht. Egal. Endlich kommt die Brücke, also winken. Wir krallen die Fingernägel in die Handtücher, damit wir wir nicht unweigerlich eine Handtuchspur im Wasser hinter uns herziehen. Die zwei Busse fahren dann auch brav über die Brücke, während wir drunter durch gleiten. Fertig gewunken, trocken legen in der Kabine. Wenn man das ganze nasse Zeug dort lagert, kreiert man sich so auch einen effektiven Luftbefeuchter. Die Schleimhäute freut es.

Auch in Stokmarknes wird es mit dem Wetter nicht besser. Glücklicherweise ist da ja das Hurtigrutenmuseum und drinnen regnet es bekanntlich nicht. Der Schnee ist mittlerweile in den Taumodus verfallen und beschert uns knöchelhohe Pfützen beim Ausstieg. Dazwischen glänzt noch blankes Eis, das sich gegen das Ende des Winters wehrt. Wahrscheinlich machen wir alle eine etwas eigenartige Figur wie wir uns zum Museum hangeln. Aber besser als Knochenbrüche. Natürlich schauen sich viele Gäste die alte MS Finnmarken an, die hier zu besichtigen ist. Da kann man auch gleich den Komfort von vor einigen Jahrzehnten mit dem von heute vergleichen.

Es regnet konsequent weiter. Auch im Raftsund. Wir versammeln uns also auf Deck fünf im Treppenhaus, damit wir an den markanten Stellen gleich rausstürmen können. Bereits die Seeadlersafari hat aufgrund des Wetters schlapp gemacht und wir sind alle gespannt, ob wir zumindest an die Mündung des Trollfjords fahren. Aber nein, es wird heute nichts. Zu windig, zu schmuddelig. Schade. Am Bug stehen fällt unter: geht nicht. Der allseits bekannte Wind vereint sich mit seinem Freund Kälte und keiner von uns hat den Elan diesen Bedingungen zu trotzen. Backbord und Steuerbord kann man ja schließlich auch genug sehen. Nur heute nicht. Die Regenwolken kriechen fast zu uns an Deck und jeder, der für ein paar Minuten raus geht, kommt wenig später wieder fröstelnd ins Schiffsinnere. Nicht unser Wettertag heute. Wir nehmen es also mit Humor und überlegen uns schon ein mobiles Regendach für Svolvær. Und wie könnte es anders sein: es regnet auch dort in Strömen. Ausnahmsweise bin ich froh, dass man als Reiseleiter auch Berichte schreiben muss und so bekommt mich dann auch heute keiner mehr vor die Gangway. Unsere Lektoren wagen sich zum obligatorischen Bierchen im „Anker" hinaus ins Nass und auch die Gäste drehen vereinzelt eine Runde um den Hafen. Die meisten kuscheln sich jedoch in den Panoramasaal und finden es entspannter, hinaus zu schauen ohne sich nassregnen zu lassen. Der ein oder andere wappnet sich bereits mit Tabletten gegen Seekrankheit, denn heute winkt ja noch der Vestfjord.

Bereits als wir Svolvær verlassen schaukelt es heftig. Wird das heute was mit Stamsund? Der natürliche Hafen ist bei bewegter See nicht gerade für seine Anlegefreundlichkeit bekannt. Aber diesmal klappt es. Danach starten wir zur Überfahrt nach Bodø und es dauert nicht lange, bis sich das Schiff leert und die meisten auf ihre Kabine verschwunden sind. Antischaukeltherapie im Liegen. Auch ich habe heute Schwierigkeiten in den Schlaf zu finden. Wir schaukeln uns von Welle zu Welle und nachdem dreimal ein Querschläger den Fenstersims abgeräumt hat, beschließe ich, dass bis morgen früh alles auf dem Boden liegen bleibt.

MS Nordkapp, 4. April

Neuer Morgen, neues Wetterglück. Nach dem gestrigen Regenfestival haben wir die vage Hoffnung, dass uns Neptun heute wieder hold ist. Schließlich gehört die Helgelandküste zu den schönsten Streckenabschnitten. Aber erst einmal steht nach dem Frühstück der Polarkreis an. Und natürlich der obligatorische Löffel Lebertran. Ich entscheide mich heute mal den Löffel zu verschmähen. Der ein oder andere liegt ja schon in meiner Küchenschublade. Natürlich hoffe ich auf noch ein paar gute Szenen für unseren Tourfilm, den die Gäste heute bei unserem Abschlusscocktail bekommen. Also Jacke an und raus auf Deck sieben. Und nein, Neptun hat sich kein gutes Wetterprogramm überlegt. Fröstelnd stehen wir am Heck und beten, dass der Polarkreis doch bitte in Sicht sein möge, bevor wir von Bord geweht werden. Nach zwei Minuten ist man konsequent nass. Noch fünf Minuten bis zum kleinen Globus. Wie endlos ein paar Minuten sein können. Immerhin eine Handvoll Tapfere harren ganz hinten aus um das Inselchen ohne regentropfengeschwängerte Scheibe aufs Bild zu bekommen. Der Rest drängelt sich unter den überdachten Bereichen. Kein Durchkommen mehr. Die Bordreiseleitung entscheidet kurzfristig, dass sich Lebertran eindeutig besser im überdachten Bereich macht, auch wenn der Platz dort nur bedingt überzeugt. Aber besser sich zu drängeln, als wenn der Wind den Lebertran vom Löffel weht. Und Regen im Prosecco ist ja auch dem Geschmack nicht unbedingt zuträglich.

Nachdem jeder sein Löffelchen bekommen hat, zieht es alle auch schnell wieder rein. Ungemütlich draußen. Und bald steht der Halt in Nesna an. Regen, Regen, Regen. Da der Aufenthalt überschaubar ist, entscheiden auch wir, dass wir hier mit dem Blick durch die Fensterscheibe sehr gut leben können. Trocken gewinnt. Ob von den sieben Schwestern heute etwas zu sehen ist? Immerhin hat Neptun noch zwei Stunden Zeit ein paar Sonnenstrahlen zu uns zu schicken. Oder wenigstens Wolkenlücken. Aber nein. Er ist uns auch heute nicht hold. Die Helgelandbrücke vor Sandnessjøen, gibt es die noch? Zumindest ist von ihr heute nichts zu sehen, eher ein irgendwas, das sich hinter dichtem Nebel verborgen hält. Auch auf Steuerbord ist es nicht wirklich besser. Sieben Schwestern? Nein! Und dabei liegen sie doch so herrlich bereits hinter Sandnessjøen, wenn man in den Hafen einläuft. Wolken hängen ja gerne mal in den Gipfeln, aber heute hat sich die Nebelregensuppe soweit herunter bequemt, dass es ein wahres Trauerspiel ist. Nun ja, man kann nicht alles haben.

Kurz vor Brønnøysund reißt dann der Himmel endlich auf. Also genießen wir alle die Einfahrt durch die Schären. Und schon wieder keimt Hoffnung auf. Den Torghatten sieht man ja bereits von hier aus hinter der Brücke liegen. Sollte er uns heute mit einem Schönwetteranblick entzücken? Das Wetter wechselt in Norwegen ja so schnell, dass man zuweilen kaum hinterher kommt. Außerdem habe ich meine Kamera dabei und meine persönliche Torghattenstatistik besagt, dass grundsätzlich schlechtes Wetter herrscht, wenn ich bereit zum guten Fotoschuss bin. Umgekehrt funktioniert das natürlich auch hervorragend. Nur das Handy dabei? Da herrscht Sonnenschein und man kann sich über Bilder freuen, auf denen der Torghatten ungefähr die Größe eines Stecknadelkopfs hat und über das Loch will ich erst gar nicht reden.

Die Statistik scheint heute wieder einmal zu stimmen. Kaum legen wir in Brønnøysund an, erfreut uns der Himmel mit einem neuen Regenguss. Das köstliche Softeis am Kai? Heute nicht. Zu ungemütlich. Also schnell das tun, was die Crew auch immer gerne im Hafen tut: einkaufen. „Smash" ist die neue Passion bei uns im Reiseleiter- und Lektorenteam. Ich bin ja so froh, dass ich meine Leidenschaft für mit salziger Schokolade überzogene Waffeln entdeckt habe. Als wenn man noch nicht genug der Völlerei am täglichen Buffet hätte. Ach, ich schiebe einfach jedes zusätzliche Kilo auf die Lektoren.

Bleibt der Torghatten. Wie war das noch mit der Statistik? Schönes Wetter und Kamera dabei? Also nichts wie raus. Und da denkt man, dass man den Lochberg doch bald erreicht haben muss, und dann dauert es ewig. Fährt man auf ihn zu, liegt er kompakt da und sobald man ihn passiert, gerät er völlig aus der Form. Die bekannteste Ansicht präsentiert er ja auch von der Rückseite, da kann man das Loch am besten sehen und die Schären drapieren sich hübsch davor. Und tatsächlich hält das Wetter. Steuerbord pfeift der Wind und zwar so, dass man nicht mehr zum Bug gelangt. Alle stehen wir breitbeinig an Deck um uns irgendwie in dem Luftchaos zu stabilisieren. Da schafft man selbst bei einem tausendstel Belichtungszeit die

Bilder zu verwackeln. Der Wind bläst unsere Jacken auf, so dass wir eine herrliche Michelinmännchenmannschaft abgeben. Wer Brille trägt, muss heute die Hände zu Hilfe nehmen, sonst ist das Ding weg und am besten tackert man auch die Mütze gleich am Kopf fest. All das hält uns aber nicht davon ab, den tollen Ausblick zu genießen, denn nach eineinhalb Tagen lechzen wir förmlich nach wolkenfrei und Sonnenschein.

Am Abend unser letztes Schiffschmusen auf der Tour. Rørvik. Und jedes Mal denke ich: wir können doch nicht schon wieder in Rørvik sein. Nordgehend ist das ja immer wunderbar. Die ganze Tour liegt noch vor einem und man bedauert Miss Südgehend, dass sie schon fast wieder in Bergen ist. Und ehe man sich versieht, ist man selbst südgehend und der Ausstieg droht. Heute schmiegt sich die Kong Harald an uns. Als wir fest machen, ist sie bereits in Sicht. Also ab ans Heck und schauen, wie sie elegant an den Kai schaukelt. Natürlich sind auch die musikbegabten Mädels mit von der Partie. Sie erfreuen uns am Pier mit Gitarrenmusik und Gesang. Ich glaube, ich hatte noch keine Tour, auf der sie nicht ihr Musikprogramm zum Besten gegeben haben. Natürlich gehen wir rüber zur Kong Harald, Kollegen begrüßen und mal wieder ein anderes Schiff sehen. Ok, renoviert besucht renoviert, da sind die Unterschiede überschaubar. Pünktlich um 21:15 Uhr schwirrt sie dann auch wieder ab Richtung Polarkreis. Wir bereiten uns geistig schon mal auf die Folda vor. Sechs Meter hohe Wellen sind angekündigt, da wird Koffer packen zum Bewegungsfest. Und die See hält dann auch, was sie versprochen hat. Es schaukelt ordentlich. Nicht nur ich, sondern auch die Gäste kämpfen diese Nacht damit, sich effektiv in den Schlaf wiegen zu lassen.

MS Nordkapp, 5. April

Da sind wir wieder. Trondheim die zweite. Und heute ein Highlight neben uns. Die MS Lofoten. Ich freue mich immer, wenn ich Gelegenheit habe, sie zu sehen. Und auch die Gäste stehen hier immer Spalier, wenn es heißt, die alte Lady zu besuchen. Für unsere Gruppe ist das heute nicht drin, denn unser Bus bringt uns bereits um neun Uhr zum Flughafen, schließlich soll keiner seinen Flug verpassen. Unsere Lektoren drängeln uns seit Tagen, dass ein Gruppenfoto doch ein guter Abschluss sei und da heute gute Faktoren zusammenkommen, nämlich Hafen, genügend Platz und gutes Wetter, beschließen wir, es hier in Trondheim zu schießen. Nachdem es im Kasten ist, klettern alle in den Bus, letztes Durchzählen, letzter Blick aufs Schiff. Jetzt ist es amtlich. Die Tour ist zu Ende. Die meisten fliegen bereits um zwölf Uhr Richtung Heimat und wir winken der Maschine zu als sie in Trondheim abhebt. Bereits in drei Wochen startet meine nächste Tour und es wird sich zeigen, welche Ereignisse mir dort begegnen.

Von Kiel bis Kiel oder:

wer schickt den Winter in die Sommerpause?

Color Magic, 26. April

Es ist schon wieder soweit. Knapp drei Wochen hatte ich tour-frei. Dafür geht es jetzt gleich auf die Mammut-Gruppenreise. Fünfzehn Tage mit Start in Kiel. Die Colorline ist also unsere erste Übernachtungsstätte. Manche Gäste bevorzugen die Reise ohne Flug anzutreten und daher ist die Colorline Reise eine prima Alternative. Schon einen Tag vorher bin ich nach Kiel angereist und habe einen neuen Kollegen dabei. Das ist immer spannend. Am Morgen antreten zum Bordkarten abholen. In Kiel haben wir als Reiseleiter den Luxus eines Sonderschalters. Also alles bereit legen, Vorhang auf und schon stehen die ersten Gäste auf der Matte. Es dauert nicht lange und unser Bordkartenstapel neigt sich gen Ende. Alles zügig heute. Kurz nach 13 Uhr öffnen sich die Türen zur Color Magic und wie immer suche nicht nur ich eine gefühlte Stunde nach der Kabine. Ich glaube, ich werde mich nie an die Colorline gewöhnen und freue mich jetzt schon wieder auf unser schmusiges Hurtigrutenschiff. Las-Vegas-Show und Shopping-Mall gehören eben nicht zu meinen essentiell wichtigen Lebensnotwendigkeiten und ich glaube viele von unseren Gästen haben einen ähnlichen Gedanken. Aber: entspannt in Oslo anzukommen statt übermüdet aus dem Flughafen-Terminal zu wanken, hat auch etwas. Die für uns Reiseleiter wichtigste Frage des Tages: wo findet unser Begrüßungscocktail statt. Colorline überlegt sich hier gerne wechselnde Veranstaltungsorte im Schiff, so dass wir aufgegeben haben, die Gäste schon auf unserem Infoblatt zu informieren um dann alles wieder zu revidieren. Und siebzig Personen im Schiff einzusammeln, deren Gesichter wir am ersten Tag noch nicht kennen, ist nicht das, was man sich so als Toureinstieg vorstellt. Heute also in der Disco. Ich kann mir geeignetere Orte vorstellen. Als Reiseleiter stehen wir in der Mitte, sozusagen auf der Tanzfläche, und die Gäste sind hinter Wänden verborgen. Improvisation ist Trumpf. Irgendwie funktioniert es aber alle angemessen zu begrüßen, gemeinsam ein Glas Sekt zu schlürfen und die Platzkarten für die Bergenbahn auszuteilen.

Dann geht es raus. Die Sonne lacht und alle wollen die Storebæltbroen sehen, die sich zwischen der dänischen Insel Sjælland und der Halbinsel Fyn spannt. Kaaaaaaaaaalt. Ja es ist eben noch nicht wirklich Frühling. Trotzdem ist der Anblick der Brücke wunderbar. Schon von weitem sehen wir sie. Ewig dauert es wieder mal, bis sie näher kommt, und wir überlegen schon, ob sich die Brücke möglicherweise mit uns bewegt. Mit dem Frösteln geht es allen ähnlich. Endlich fahren wir drunter durch. Imposant. Auf den letzten Colorline-Reisen habe ich die Brücke immer irgendwie verpasst, deshalb genieße ich es heute besonders. Und auch das erste Beschnuppern mit den Gästen kann so schon mal stattfinden. Erste Gesichter einprägen und Anhaltspunkte sammeln, wie sich die Gruppe verstehen wird. Erst ein paar Tage später werden wir bei dieser Gruppe merken, dass sie voller Harmonie und Leben sein wird.

Bergenbahn, 27. April

Nach der ersten Nacht sind wir am Morgen in Oslo. Da heute ziemliches Schmuddelwetter herrscht, spare ich mir während der Fahrt durch den Oslofjord draußen zu stehen, obwohl die Strecke wirklich zauberhaft ist. Aber heute heißt es eher gemütlich frühstücken. Bereits um halb zehn haben sich alle zum Aussteigen versammelt. Für uns geht es vom Colorline-Terminal direkt zum Bahnhof in Oslo. Wir postieren uns an unseren Transferbussen, auch der Gepäckservice hat sich bereits am Anleger eingefunden. Er transportiert unser schweres Gepäck freundlicherweise gesondert nach Bergen. Alles reibungslos. Ruckzuck sind alle Koffer verladen und wir begeben uns in Richtung Bergenbahn. Alle versorgen sich noch mit dem nötigsten für die Fahrt und sogar für einen kleinen Spaziergang zum Bronzetiger bleibt noch Zeit. Die Straßenmusiker haben sich auch schon eingefunden und unsere Gäste genießen den ersten Blick auf Oslos Innenstadt.

Dann geht es in den Zug. Die Platzkarten haben wir ja bereits am Vorabend ausgeteilt und wir hoffen, dass alle mit den Plätzen zufrieden sind. Die Zugpläne stimmen nicht immer zwangsläufig mit der Realität überein, zusammenreisende Dreiergruppen wollen natürlich zusammen sitzen, so dass es immer ein bisschen Gewürfel ist, ob nun alles passt. Diesmal passt es. Pünktlich um 12:03 Uhr setzt sich der Zug in Bewegung und gleich schreien alle nach dem WLAN. Also 63 mal zeigen, wie man sich einloggt, mittlerweile habe ich mich auf den Touren zum Technikberater entwickelt. Zu Beginn ist die Strecke beschaulich und nach einiger Zeit starten wir Reiseleiter unser „Entertainment"-Programm. Wir erzählen einiges zur Strecke und schon jetzt merken wir: es wird eine ganz besondere Reise. Schon hier im Zug haben die Gruppe und auch wir Reiseleiter immensen Spaß. In Finse, am höchsten Punkt der Strecke, gesteht uns der Schaffner einen Fünfminutenaufenthalt zu. Zigarette und so. Wir nutzen die Möglichkeit natürlich um alle rauszustürmen und ein paar Fotos vom Gletscher Hardangerjöküll zu schießen. Endlich Bilder ohne Fensterspiegelung. Allerdings müssen wir uns wirklich bemühen alle Schäf-chen auch wieder rechtzeitig einzusammeln. Stehengelassene Gäste in Finse, der Albtraum jeden Reiseleiters. Aber alle finden rechtzeitig zurück und wir können vollzählig weiterfahren. Als wir vor Myrdal sind, kleben wir alle an den Fensterschei-ben in Fahrtrichtung rechts, so dass wir schon befürchten, wir bringen den Zug dazu einfach nach rechts umzufallen. Aber alle wollen natürlich den spektakulären Blick ins Tal genießen.

Da wir diesmal erst mittags losgefahren sind, zieht sich das letzte Stück der Strecke. Also natürlich ist sie immer gleich-lang, aber wenn wir den Mittagszug nehmen, kommt sie einem irgendwie länger vor. Alle sind froh ein paar Schritte zu gehen, auch wenn es nur vom Zug bis zum Bus ist, Hauptsache laufen. Erfreulich, dass die Bahnhofshalle in Bergen endlich keine Baustelle mehr ist, das hier übliche Chaos entfällt also. Alle wollen wir nur noch ins Hotel, Sachen abschmeißen und auf in die Stadt. Nur laufen. Das Gepäck ist diesmal bereits lange vor uns angekommen und in der kleinen Hotellobby stapeln sich die Koffer. Und schon geht das Chaos los. Jeder will seinen Koffer zuerst. Hilfe. Größere Kämpfe können wir Gott sei Dank verhindern. Aber irgendwie löst sich alles schnell auf und alle machen sich auf, um sich der Nahrungsaufnahme zu wid-men und einen ersten Blick auf Bergen zu erhaschen. Da wir Reiseleiter nicht genug von Schiffen bekommen können, spa-zieren wir zum Hurtigruten-Terminal. Die MS Nordlys wohnt heute für einen Tag hier und da kann man gleich schauen, wer an Bord ist. Diesmal habe ich Glück, so ziemlich alle meine Lieblinge der Crew sind da. Umarmen, schnacken, freuen. Herrlich. Dazu allerschönster Sonnenschein. Bergenglückstaumel.

Bergen, 28. April

Neuer Tag, neues Bergenglück. Die Sonne scheint und wir haben den Vormittag frei. Alle paar Meter treffen wir natürlich Gäste, denn jeder verbringt den Morgen mit persönlichem Sightseeing. Ich habe heute eine besondere Verabredung. Ich bin ja sehr aktiv auf den sozialen Netzwerken und es findet sich fast immer jemand, der zufällig in derselben Stadt oder auf demselben Schiff ist. So auch dieses Mal. Eine inzwischen liebgewonnene Freundin ist gestern von Bord der Nordlys gegangen und irgendwie haben wir nicht realisiert, dass ein Feierabendbier drin gewesen wäre. Deshalb nutzen wir die Chance eben heute und schlürfen zusammen Kaffee. Solche Begegnungen gehören für mich zu den schönsten, spontan und unkompliziert. Also klönen wir gut 45 Minuten über die Reise, die Schiffe und alles, was mit der Tour zusammenhängt. Herrlich. Nach unserem viel zu kurzen Treffen mache ich noch ein paar Besorgungen. Eine liebe Kollegin und Freundin von mir braucht sogenannte Trommelsteine und in Bergen Brygge ist der richtige Laden dafür. Wenn ich ihn denn finden würde. Nach eineinhalb Stunden kenne ich alle Gassen in Bergen Brygge besser als je zuvor, aber der Laden scheint sich in einer Ecke verkrochen zu haben, die ich auf meinen zwanzig Runden hartnäckig ausgelassen habe. Da Onkel Google bekanntlich alles weiß, lasse ich mich von ihm hinführen. Hätte ich auch schon nach der zweiten Runde drauf kommen können. Endlich finde ich die winzige Eingangstür.

Weiter geht es zum Krimskramsladen Nille. Der gehört zu meinen Lieblingsläden für allerhand unnützes Zeugs in Norwegen und findet sich in allen Städten so ziemlich an jeder Ecke. Nur in Bergen nicht. Und dabei brauche ich Haarkränze für den 17. Mai, in Oslo sind sie schon wieder mal ausverkauft. Ich glaube in der Hauptstadt dauert es nur Millisekunden bis die Dinger weg sind. In Bergen zeigt sich nirgendwo das charakteristische gelbe Nille-Schild. Gefühlte hundert Norweger frage ich nach der nächsten Filiale und jeder schickt mich in eine andere Richtung. Auch Onkel Google hilft diesmal nicht. Kaum verwunderlich, denn besagter Laden liegt in einem winzigen Einkaufszentrum, das von aussen kaum als solches zu erkennen ist. Ende gut, alles gut. Ich habe meinen Haarkranz und schon naht der Start der Stadtrundfahrt.

Da das Wetter so schön ist, vereinbaren wir mit den Guides zur Fantoft Stabkirche rauszufahren. Sie ist die einzige, die die

Gäste auf der Tour in voller Pracht sehen können. Natürlich steigen wir auch in Bergen Brygge zum Spaziergang aus und alle genießen das fantastische Wetter.

Am späten Nachmittag ist Einschiffung. Bordkarten austeilen, Sicherheitsübung, Kabinen sichten. Diesmal sind alle mit ihrer Unterkunft zufrieden und fast unsere ganze Gruppe trifft sich nach dem Abendessen auf Deck sieben um beim Ablegen zuzuschauen. Die Mitternachtssonne ist zum greifen nah und als wir um halb elf Bergen verlassen, malt ein Rest des Sonnenlichts atemberaubende Farben in die Wolken. Das sind die schönsten Abfahrten in Bergen, wenn wir unter einem spektakulären Himmel Richtung Norden gleiten. Es dauert lange an diesem Abend bis sich das Deck leert.

MS Nordkapp 29. April

Und schon wieder sind wir in Ålesund und der Wettergott ist uns weiter hold. Das schreit doch heute nach dem Aksla. Aber irgendwie bin ich mit dem Hausberg in keiner guten Beziehung. Kurz bevor wir anlegen, kommen wir aus dem Organisieren kaum heraus. Alle wollen nur kurz etwas wissen und alles summiert sich zu einer längeren Sprechstunde. Aber noch geben wir die Hoffnung nicht auf. Das Mittagessen schlingen wir hastig hinunter, immerhin sind die meisten Gäste schon von Bord, so dass das Anstehen im Restaurant diesmal entfällt.

Also doch Aksla. Kurzfristig fällt uns jedoch ein, dass es Samstag ist und wir am morgigen Sonntag unter unseren Gästen ein Silberhochzeitspärchen haben. Irgendwie neigt man auf dem Schiff dazu zu vergessen, welcher Wochentag gerade ist. Das ist besonders glücklich, wenn man denkt, dass man noch schnell etwas im nächsten Hafen besorgen muss und dann vor verschlossener Türe steht. Ich kann das besonders gut beim Getränkekauf. Ich kann die Male schon nicht mehr zählen, an denen ich dachte: kann ich morgen noch und erst am nächsten Tag realisierte, dass sonntägliche Einkäufe selten von Erfolg gekrönt sind. Also diesmal sonntägliche Silberhochzeit. Bei meiner Nille-Suchaktion in Bergen habe ich silberne Schokoladenherzen entdeckt. Wie geschaffen für romantische Tischdeko. Also Einkaufsaktion. Und doch nix Aksla. Schließlich möchte ich nicht auf halber Strecke den Berg runter ein fröhliches Tuten unseres Schiffes hören, „Schiff verpasst" ist mir dann eindeutig zu teuer. Also genießen wir einmal mehr den Jugendstilzauber der Stadt und freuen uns am herrlichen Wetter.

MS Nordkapp, 30. April

Auf dieser Tour scheint es typisch zu sein, dass vor den längeren Liegezeiten in den Städten besonders viel Andrang bei uns ist. Scheinbar will unsere gesamte Gruppe heute Trondheim auf eigene Faust erkunden. Schon vor dem Frühstück zeichnen wir im Akkord Rundgänge in die Stadtpläne ein. Nachdem wir so ziemlich alle versorgt haben, füllen wir dann auch endlich unseren Magen um das lautstarke Knurren zu unterbinden. Auch wir wollen nach dem Frühstück in die Stadt hinein laufen. Doch weiter geht es mit Einzeichnen von Rundgängen und ich frage mich schon, ob die Gruppe sich heimlich vermehrt hat, denn irgendwann müssen doch mal alle durch sein.

Nun ja, als wir alle durchhaben, zeigt die Uhr bereits halb elf. Da muss der ein oder andere Gast schon die Beine in die Hand nehmen und in Anbetracht dessen, dass ich ja schon des Öfteren in Trondheim war, ist meine Motivation auf einen Gewaltmarsch eher bescheiden. Wie gut, dass gleich am Pirbadet der Bus in die Stadt abfährt. Auch wenn man bei Lösen der Fahrkarte im Bus zwanzig Kronen mehr berappen muss, ist es mir heute mehr als recht, die Hälfte der Rundgang-Strecke gefahren zu werden. Nicht weit vom Schiff also stellen wir uns an der Haltestelle auf und erwischen wahrscheinlich den einzigen Bus in ganz Norwegen, in dem man nicht mit Karte zahlen kann. Bevor wir uns den Trondheimbesuch abschminken, versuche ich es mit der Reiseleiteraugenklimpermethode. Der Busfahrer hat heute einen guten Tag und nimmt uns kostenlos zum Nidarosdom mit. Brav.

Da heute Sonntag ist, haben wir das Vergnügen, kostenlos in den Nidarosdom zu kommen. Seit letztem Jahr muss man normalerweise Eintritt zahlen, wenn man sein Inneres sehen will. Das spare ich mir meist, da ich erstens mit Kirchen nicht so viel am Hut habe, zumindest in religiöser Hinsicht und zweitens mir der Nidarosdom von außen noch viel besser gefällt. Wenn ich die Gelegenheit habe wie heute, gehe natürlich auch ich rein. Blöd nur, dass man drinnen keine Fotos machen kann. Und ich muss gestehen, dass ich mich über so etwas manchmal gerne hinwegsetze. Natürlich nie mit Blitzlicht, mehr so aus dem Handgelenk. Heute schaffe ich heimlich nicht nur ein paar Fotos, sondern auch eine kleine Videosequenz für unseren Tourfilm. Davon aber auch nur eine, denn im Handumdrehen kommt eine Dom-Mitarbeiterin angelaufen, die mich mit unendlichem Charme auf das Fotoverbot hinweist. Manchmal kann ich in solchen Momenten besonders unschuldig gucken, das gelingt mir auch heute, aber sicherheitshalber begebe ich mich wieder nach draußen in die fotoverbotfreie Zone.

Am Abend in Rørvik liegt die MS Richard With neben uns. Und immer, wenn man gedankenlos die Gangway hinabtrottet, steht irgendjemand am Kai, den man kennt. So auch heute. Auf der Silvesterreise hatte ich einen zauberhaften Kollegen dabei und seitdem haben wir uns nicht wieder gesehen. Da unverhofft bekanntlich oft kommt, treffe ich ihn eben heute. Bei so vielen Gruppenreisen verliert man irgendwann den Überblick, wer wann auf welchem Schiff fährt. Dafür gibt es dann diese fabelhaften Überraschungen, die zwar kurz, aber dafür umso freundschaftlicher sind.

MS Nordkapp, 1. Mai

Der Mai ist da. Und mit ihm das Schmuddelwetter. Eigentlich wollte ich ja zur Polarkreisüberschreitung draußen sein, aber nach einem Blick aus dem Fenster befinde ich, dass er auch ganz hübsch aussieht, wenn man ihn von der Kabine aus sieht. Außerdem sind wir heute besonders früh dran, es ist erst kurz nach sieben, als der Globus in Sicht kommt. Neptun scheint dieses Mal nicht begeistert, dass wir in sein Reich vorstoßen und schickt einen Regenschauer nach dem anderen vom Himmel. Nun ja, da man bei der Polartaufe sowieso nass wird, macht das dann auch nichts mehr.

Bis Bodø regnet es konsequent weiter. Keine Motivation raus zu gehen. Wir liegen nicht am üblichen Hurtigrutenkai, sondern näher zur Innenstadt am Hauptbahnhof. Ja, schön, wenn man so etwas wüsste, bevor man Wege auf Stadtplänen einzeichnet. Gut, in Bodø ist das weniger dramatisch als in Trondheim, aber es ist immer wieder zu schön, wenn man vor anlegen Informationen herausgibt, die dann bei anlegen hinfällig sind.

Und es regnet weiter. Immerhin hält der Vestfjord sich heute mit Schaukeleien zurück. In Stamsund schließlich kann man die Bergketten kaum erahnen, so tief hängen die Regenwolken in den Gipfeln. Und auch in Svolvær wird das nicht besser. Das perfekte Wetter für Sofa, ein gutes Buch und ein Glas Wein. Der Regen prasselt auf die Reling, rausgehen? Nein. Es gibt ja südgehend die zweite Chance.

MS Nordkapp, 2 Mai

Wird das denn jetzt mal besser mit dem Wetter? Nein. Mit rausgehen bin ich heute dementsprechend sparsam. In Finnsnes am Morgen sowieso, nachdem ich ja hier auf der letzten Tour fast das Schiff verpasst habe. Das Glatteis, das fast dazu geführt hat, ist aber mittlerweile verschwunden. Endlich. Der Winter hält sich so beharrlich dieses Jahr, aber jetzt scheint er kurz vor dem Aufgeben. Wurde auch Zeit. Da ich diesmal ja einen neuen Kollegen dabei habe, für den es die erste Tour ist, laufen wir natürlich in Tromsø am Nachmittag den Stadtrundgang ab, den wir am Morgen mindestens fünfzigmal den Gästen in den Stadtplan eingezeichnet haben. Ich habe ja zu Tromsø ein etwas zwiegespaltenes Verhältnis. Als ich zum ersten Mal dort war, war es kurz vor Weihnachten. Der Schnee türmte sich in Massen und die Polarnacht lag über der Stadt. Beleuchtete Häuser überall und in jedem Fenster liebevoll dekorierte Weihnachtsutensilien. Also verbuchte ich Tromsø unter der Rubrik: tolle Stadt.

Ein paar Wochen später kam ich wieder und allen Gästen, die mich nach Tromsø fragten, schwärmte ich von der Stadt vor. Bis zum Anlegen. Der Schnee war zwischenzeitlich weggeschmolzen und ich dachte nur: Gott, ist das hässlich. Ja, Schnee hat gemeinhin die wundervolle Eigenschaft hässliche Stellen zu verdecken. Also, ich will nun nicht sagen, dass Tromsø eine bauliche Katastrophe ist, aber an manchen Stellen schon. Die Eismeerkathedrale finde ich nach wie vor wunderschön, ebenso das Hafengelände und das Polarmuseum. Die Fußgängerzone hingegen hat sich in der Kategorie „hübsch" bei ihrer Entstehung nicht vorne angestellt. Allerdings befindet sich auf der Hauptstraße die Mack-Brauerei mit angeschlossenem Ausschank, der Ølhallen, wo selbst ich als eingefleischter Nicht-Bier-Trinker gelegentlich einen Gerstensaft hinunterspüle. Es ist einfach urig dort und wenn sich im Sommer warme Temperaturen nach Tromsø verirren, biegt sich der Bürgersteig vor durstigen Norwegern, die versuchen, einen der begehrten Plätze an den wenigen Tischen zu ergattern. Drinnen ist immer genug Platz und man hat die Qual der Wahl aus fünfzig Bieren vom Fass.

Beim Stadtrundgang heute fassen wir uns relativ kurz und ergattern diesmal begehrte Plätze auf dem Schiff. Die Sessel im

46

Panoramasaal auf Deck sieben. Da die Gäste ja alle ausgeschwärmt sind, können auch wir Reiseleiter dort kurz Pause machen. Vorzugsweise mit einem Brunost-Eis. Im Multe-Café verkaufen sie welches. Dazu noch Lofotpils-Eis und Stockfisch-Eis. Letzteres gehört nicht zu meinen Favoriten. Ich bin ja schon von Haus aus nicht so der Fan von Stockfisch, als Eis verarbeitet kann ich mich damit noch weniger anfreunden. Selbst in punkto probieren habe ich da eine gewisse Sperre. Das Brunost-Eis hingegen finde ich fabelhaft. Süß mit einem leichten Hauch von Ziege. Norwegisch gut.

Am frühen Abend eröffnet mir die Bordreiseleitung, dass für den morgigen Tag eine Katastrophe naht. Bei den Ausflügen zum Nordkapp hat ein Guide kurzfristig abgesagt und einer der Busse steht nun ohne deutsche Begleitung da. Über dem Schiff schwebt die Frage, ob ich als Guide einspringen kann. Generell mache ich so etwas ja gerne und ich war bei fast jeder meiner Touren mit am Nordkapp und habe dementsprechend oft gehört, was denn so auf der Hin- und Rückfahrt im Bus erzählt wird. Aber wenn man es dann ohne Vorbereitung selber machen soll, können zweimal vierzig Minuten Fahrt verdammt lang werden. Immerhin soll ein englischer Guide an meiner Seite sein, der mir die Fakten sozusagen vorsouffliert. Nun ja, in einem Anfall von Hilfsbereitschaft sage ich schließlich zu. Das wird eine schlaflose Nacht.

Heute ist es also so weit. Ich versuche mich als Guide auf dem Weg zum Nordkapp. Welcher Teufel hat mich nur geritten zuzusagen. Gut, jetzt hilft es nichts mehr. Als wir in Honningsvåg anlegen, stürme ich so ziemlich als erster aus dem Schiff um zum Bus zu stiefeln, damit wenigstens eine kurze Lagebesprechung vor der Abfahrt drin ist. Ich will ja weniger durch Gestotter glänzen, als durch einigermaßen flüssiges Reden. Gott sei Dank sitzen alle aus meiner Gruppe, die am Ausflug teilnehmen, bei mir im Bus, ich kann also auf Verständnis hoffen, wenn nicht alles perfekt ist. Mir ist jetzt schon klar, dass das die gefühlt längste Fahrt zum Nordkapp werden wird, die ich jemals erlebt habe.

Wir starten also und nach zehn Sekunden weiß ich bereits, was Simultanübersetzer leisten. Auch wenn ich die Fakten noch so oft gehört habe: die Jahreszahlen, wann, was, warum und wie war, habe ich dann doch nicht mehr im Kopf. So gut es geht und möglichst ohne Informationsverlust erzähle ich also von der Entdeckung des Nordkapps, warum es so heißt, wer schon alles da war, eben alles, was mir der englische Guide vorbetet und was ich mir noch von vergangenen Fahrten aus dem Hirn ziehen kann. Stress pur. Als wir nach vierzig Minuten das Nordkapp endlich erreichen, ist mein Kopf leer. Gut, dass jetzt eineinhalb Stunden Pause sind und für den Wind am Globus bin ich heute sehr dankbar, er pustet das Hirn wieder frei um die Rückfahrt durchzustehen. Ich versuche also neunzig Minuten irgendwie zu entspannen. Gott sei Dank haben wir gutes Wetter erwischt, was bei den Gästen so etwas wie ein Urteilskatalysator ist. Fehler werden dann leichter verziehen. Danke Petrus.

Viel zu schnell ist es Zeit für die Rückfahrt. Jetzt noch einmal alles geben. Wieder lausche ich angestrengt dem englischen Guide und erzähle über Rentiere, die Sami, die Mitternachtssonne und die Polarnacht. Es läuft einigermaßen reibungslos. Trotzdem war ich noch nie glücklicher darüber, die Landebahn des Flughafens von Honningsvåg zu erblicken, das untrügliche Zeichen, dass der Ausflug sich dem Ende nähert. Gleichzeitig bin ich aber auch ein bisschen stolz, dass ich es geschafft habe. Das Lob von den Gästen beschert mir eine gewisse wolkengleiche Leichtigkeit. Trotzdem reicht mir diese Erfahrung erst einmal und ich gönne mir am Nachmittag etwas durchzuhängen. Das passt auch gut zur Gästeaktivität, denn bald schaukeln wir auf die Barentssee, die uns heute mit heftigen Wellen empfängt und einen Großteil der Gäste dazu nötigt, sich mal hinzulegen.

Das Geschaukel setzt sich bis zum späten Abend fort, dementsprechend fällt die Schiffsbegegnung mit der MS Nordlys in Berlevåg aus. Gut, die Nordkapp ist ja nicht so das Winkeschiff, die Nordlys ebenso nicht. Von ausgelassenen Winkewettbewerben kann man also sowieso nicht sprechen. Heute ist aber selbst das Winken mit Eingefleischten passé. Beide Schiffe kämpfen mit den Wellen und wir fahren so weit entfernt aneinander vorbei, dass man ein Fernglas bräuchte um irgendwen winken zu sehen. Und der Wind animiert einen nicht wirklich, sich draußen lange aufzuhalten. Also bevorzugen wir uns nach drinnen zu verziehen.

MS Nordkapp, 4. Mai

Habe ich in Kirkenes ein Schlecht-Wetter-Abo? Langsam kommt es mir so vor. Schmuddelig ist es draußen. Wieder einmal stimmen unsere eingezeichneten Wege nicht, die wir den Gästen in den Stadtplan gemalt haben. Wir liegen nicht dort, wo wir sonst liegen. Ja, Kaimauern müssen eben immer mal saniert werden und so ist es im Moment mit dem Hurtigrutenkai in Kirkenes. Nach dem Frühstück machen wir uns auf zu einem kleinen Spaziergang auf die Halbinsel Prestøya. Ich war immer noch nicht dort und es soll ganz schön sein. Versuchen wir es.

Nun ja in diesen Breitengraden sind die Berge ja wirklich überschaubar, also zumindest, was ihre Höhe betrifft. Bei entsprechender Struktur des Himmels kann das sehr hübsch aussehen.

Heute jedoch sieht es bescheiden aus. Petrus hat konsequent zugezogen, Wolkenstruktur: Fehlanzeige. Es handelt sich mehr um Suppenwetter. Dazu halb weggetauter Schnee, das Traumszenario jedes Naturfotografen. Unergiebig. Dementsprechend sind wir wenig motiviert den gesamten Rundweg zu erkunden und verschieben es, nachdem wir ein Stück gegangen sind, auf eine spätere Tour. Als Reiseleiter hat man ja den Vorteil, dass man alle paar Wochen hier vorbei schaut.

Den restlichen Tag hat uns wieder mal die Barentssee im Griff. Es schaukelt und schaukelt und schaukelt. Jedes Mal wenn wir in geschützteres Gewässer fahren, spürt man so etwas wie ein Aufatmen im Schiff. Die Freude hält aber nur kurz an, der halbstündige Aufenthalt in Båtsfjord gönnt uns nur eine kleine Schaukelunterbrechung. Ähnlich in Berlevåg, aber immerhin können wir anlegen, was bei starkem Seegang nicht selbstverständlich ist. Ein lieber Kollege ist ein Schiff hinter mir auf der MS Finnmarken und schon vor unserer Schiffsbegegnung mailt er mir, dass es wohl mit einem kollegialen 30-Sekunden-Appointment heute nichts wird. Es sei denn, wir suchen uns irgendwie per Fernglas. Während wir das Glück hatten, alle Häfen heute anlaufen zu können, ging es der Finnmarken deutlich schlechter. Bereits in Honningsvåg konnte sie nur noch an den Anlegestellen vorbei fahren, kein Nordkappbesuch für die Gäste also. Ja, so ist das manchmal.

Als unsere Schiffe dann aneinander vorbei fahren, kämpfe ich mich doch ans Heck, genau wie mein Kollege auf der Finnmarken. Ich bin die einzige, die sich bei dem Sturm an Deck aufhält, kein Wunder, der Wind raubt einem fast den Atem. Verabredung geschafft.

MS Nordkapp, 5. Mai

Heute in Hammerfest steht wieder einmal einkaufen auf dem Programm. Meine Getränkevorräte bedürfen dringend einer Aufstockung. Um diese Zeit beträgt der Aufenthalt ja nur eine Stunde, so dass die Welt der Besichtigungsmöglichkeiten begrenzt ist. Dafür auf den Aussichtspunkt Salen zu laufen, reicht mein Elan nicht und der Weg befindet sich sowieso noch in einem untauglichen Zustand für schnelle Aufstiege. Also beschränkte ich mich auf den Besuch des Supermarktes und des Eisbärenclubs. In letzterem findet sich immer jemand für einen kurzen Schnack.

Als Trost für den kurzen Hammerfest-Aufenthalt gibt es am Abend die Fahrt in den Lyngenfjord. Natürlich stehen wir alle draußen. Dick eingepackt in alles, was wir wintertaugliches finden konnten. Auch wenn wir bereits Mai haben, ist das hier oben noch nicht so richtig angekommen. Norwegischer Frühling eben. Dafür erfreuen uns die Lyngenalpen mit ihrer grandiosen Kulisse. Sagenhaft. In Havnnes haben sich einige tapfere an Land zum Winken eingefunden. Da werden fleißig Fahnen geschwenkt und wir versuchen uns gegenseitig auch stimmlich zu erreichen. Unser Schiff kommentiert das entsprechend mit lautstarkem Hornen. Immer noch liegt so viel Schnee hier, dass man meinen könnte, wir befinden uns im tiefsten Winter. Und dabei kratzen wir schon fast an der Mitternachtssonne. Verkehrte Welt dieses Jahr. Am Bug wird der Wind nun immer stärker, so dass auch der letzte von uns irgendwann aufgibt, um sich im Schiff aufzuwärmen.

MS Nordkapp, 6. Mai

Mein Körper hat sich entschlossen, sich dem Winterwetter anzupassen und mir eine hübsche Erkältung beschert. Ja, das kann ich jetzt brauchen. Schnupfen, Husten, Heiserkeit bei einem Vollzeitjob ist wirklich ein Vergnügen. Passend dazu fängt es in der Risøyrenna an zu schneien. Grandios. Trotzdem versammeln wir uns vor Sortland am Bug um den Ausflugsbussen zu winken. Alle schnattern vor Kälte und ich sehne mich nach so etwas wie einer heißen Badewanne.

Am Nachmittag findet zum ersten Mal auf meinen Touren in diesem Jahr die Seeadlersafari statt. Mein Lieblingsausflug und ich freue mich immer, wenn ich ihn begleiten darf. Heute bin ich allerdings ganz dankbar, dass es nicht so ist und ich gebe meiner Erkältung so keine Chance sich zum grippalen Effekt auszudehnen. Das Ausbooten will ich zusammen mit meinem Kollegen natürlich beobachten. Wir versammeln uns also backbord, denn da ist ja die Autoklappe. War das nicht immer steuerbord? Aber mein Kollege plädiert auch für backbord. Wir schauen also fleißig und es passiert - nichts. Das Ausbooten will ich auch für den Tourfilm aufnehmen. Ja, wenn wenig Leute an Deck stehen, sollte man vielleicht darüber nachdenken, dass man möglicherweise doch auf der falschen Seite steht. Man könnte ja mal steuerbord vorbei schauen. Natürlich wird steuerbord ausgebootet. Wie sollte das auch anders sein, wo sich doch die Ausstiegsklappe dort befindet. Und als wir das endlich bemerken, sitzen die Ausflügler schon im Boot. Aufnahme verpasst.

Immerhin bessert sich das Wetter und beschert uns ein fantastisches Licht als wir in den Trollfjord fahren. Ich beschränke mich aber weitestgehend darauf das Spektakel vom Schiffsinneren aus zu beobachten, und auch in Svolvær gönne ich mir die Wärme im Schiff. Verdammte Erkältung. Morgen ist es hoffentlich besser. Dafür schneide ich am Abend schon einmal den Tourfilm zusammen. Was am Schluss in fünf Minuten die Gäste noch einmal ihre Reise erleben lässt, ist nicht in fünf Minuten erstellt. Immer wieder ist die Hauptproblematik so viel Erlebtes in so wenig Minuten zu fassen. Also fallen immer wieder Szenen weg, die man eingeplant hat, um anderen Platz zu machen, die noch unbedingt rein müssen. Dennoch macht mir diese Aktion immer viel Spaß, vor allem, wenn ich am letzten Bordtag, wenn wir ihn vorführen, in die leuchtenden Augen der Gäste sehe. Da lohnt sich das Gebastel allemal.

MS Nordkapp, 7. Mai

Unser letzter voller Bordtag ist angebrochen, denn auf dieser Reise steigen wir in Trondheim aus. Also findet nach der Polarkreiszeremonie unser Abschlusscocktail statt. Noch einmal eine Herausforderung für mich, weil ich da die letzten Szenen für den Tourfilm drehe, und die müssen schließlich noch hineingeschnitten werden. Aber es klappt und so zeigen wir unseren Gästen noch einmal ihre Reise.

Danach heißt es die Helgelandküste zu genießen. Vor allem freuen wir uns auf ein kollektives Softeis in Brønnøysund. Sehr praktisch, dass der Eisladen gleich am Kai liegt und auch die Crew steht dort regelmäßig Schlange um sich die süße Leckerei zu gönnen. Allerdings haben wir die Rechnung wieder mal ohne Petrus gemacht. Schon weit vor Brønnøysund wird der Wind deutlich stärker. Nun ja, das ist ja erst einmal nichts außergewöhnliches. Nach einiger Zeit stoppen wir jedoch und unser Schiff dreht sich um 180 Grad. Wir fahren wieder nach Norden. Möglicherweise wird das nichts mit Brønnøysund, aber erstmal geben wir die Hoffnung nicht auf. Wir wollen das Eis.

Eine ganze Weile schwimmen wir auf der Stelle. So langsam rückt das Eis in weite Ferne. Als dann die Durchsage ertönt, dass es nicht möglich ist, heute in Brønnøysund anzulegen, ist es amtlich. Kein Eis heute. Stattdessen vertreiben wir uns die Zeit mit einer Challenge. Am Bug neigt man dazu unfreiwillig Flugstunden zu nehmen, vor allem, wenn man versucht von der Längsseite des Schiffes zum Bug hin um die Ecke zu marschieren. Also testen wir kurzerhand wer es schafft. Vorsichtshalber verstaut jeder Brille, Kappe und was sonst noch so wegfliegen kann, windsicher in irgendeiner Tasche. Vorkämpfen zum Bug. Ein Atemgerät wäre durchaus hilfreich, denn der Wind stellt sich uns wie eine Wand entgegen. Atmen unmöglich. Nach einigen Fehlversuchen müssen wir tatsächlich aufgeben. Nicht zu schaffen. Wir beschließen deshalb das Multe-Café auf Deck sieben zu überfallen und dort unserer Gier nach Eis nachzugeben. Ja, und das Sortiment ist deutlich geschrumpft, nachdem wir achtundvierzig Eisportionen geordert haben. Wegen Ausverkauf den Rest des Tages geschlossen.

Am Abend liegt wieder die MS Kong Harald neben uns und ich will unbedingt rüber um dem Expeditionsteam einen Besuch abzustatten. Südgehend legen wir ja vor dem nordgehenden Schiff an und ich stehe mit meinem Kollegen am Kai in der Erwartung, dass die Kong Harald bald heranschwimmen möge. Aber sie ziert sich. Kein Schiff zu sehen. Um neun taucht sie als winziges Pünktchen am Horizont auf. Während wir tapfer im Wind stehen, haben wir das Gefühl, dass sie überhaupt nicht näher kommt. In Rørvik scheint Unpünktlichkeit wie ein Fluch zu sein und wir überlegen schon, ob die Kong Harald möglicherweise ein kleines Tänzchen auf der Folda bestreiten musste. Offene Seestrecken machen eben manchmal einen Strich durch die Fahrplanrechnung. So wohl auch heute.

Als sie dann endlich anlegt, stehe ich bereits wieder am Heck unseres Schiffes, denn für uns ist es Zeit weiter nach Süden zu fahren. Mehr als winken ist also heute nicht drin.

MS Nordkapp, 8. Mai

Frühaufstehertag. Zumindest für uns, die wir heute von Bord gehen. Schon um 6:15 Uhr bin ich an Deck um beim Anlegen zuzuschauen. Die MS Lofoten schmust bereits am Kai. Ich liebe den Anblick der „alten Dame". Für einen Besuch bleibt heute jedoch wieder keine Zeit. Wir verlassen unser Schiff bereits um halb acht. Vorher übergeben wir jedoch unser Gepäck an den Porter-Service, der alles nach Oslo bringt, während wir die Dovrebahn nehmen. Mir kommt es immer sehr gelegen, wenn der Lieferwagen pünktlich bei anlegen draußen steht, da der Verzicht auf Frühstück aus Zeitmangel nicht zu meinen größten Freuden gehört. Heute läuft alles planmäßig. Dass der Stress sich heute auf den Moment nach dem Frühstück konzentriert, weiß ich zu diesem Zeitpunkt noch nicht.

Zunächst machen wir noch ein Gruppenfoto, nachdem sich alle zum letzten Mal am Buffet gestärkt haben. Danach heißt es warten auf unsere Transferbusse und es dauert nicht lange, bis der erste auftaucht. Mit dem ersten Teil unserer Gäste macht mein Kollege sich auf zum Bahnhof. Mit dem zweiten Teil warte ich auf den zweiten Transferbus. Nichts passiert. Das ist besonders erbaulich, wenn man die Uhr im Nacken hat und die Abfahrtszeit der Dovrebahn. Nach einer Viertelstunde rufe ich dann doch mal beim Busunternehmen an um zu verkünden, dass die Zeit langsam knapp wird. Dort entscheidet man sich heute aber, nicht ans Telefon zu gehen. Als ich nach weiteren fünf Minuten endlich jemanden an der Strippe habe, teilt man mir mit, dass der Transferbus so schnell wie möglich geschickt werde. Das ist in Norwegen ungefähr gleichbedeutend mit der Zeitspanne von fünf Minuten bis zwei Stunden. Ein Plan B muss her. Die Uhr zeigt mittlerweile acht. Noch 25 Minuten bis zur Abfahrt der Dovrebahn. Kurzerhand laufe ich rüber zum anderen Bushalteplatz. Dort steht bereits einer der Ausflugsbusse für die Trondheimausflüge nordgehend. Unsere einzige Chance. Ich erkläre dem Busfahrer das Dilemma, immerhin hat er noch 45 Minuten bis Ausflugsstart und ich habe die vage

Hoffnung, dass er uns zum Bahnhof bringt. Reiseleiteraugen-klimpern. Und er tut es tatsächlich. Unsere Rettung. Fünf Minuten vor Abfahrt der Dovrebahn sind wir endlich am Bahnhof. Kaum in den Zug gesprungen, fährt er auch schon ab. Welch eine Aufregung am frühen Morgen.

Dafür erfreut uns die Zugstrecke über das Dovrefjell mit allerbestem Wetter, der Mjøsa-See glänzt in der Sonne und wir genießen einen stressfreien letzten Abend in Oslo.

Color Magic, 9. Mai

Heute brechen wir bereits früh zur Stadtrundfahrt in Oslo auf, die am Anleger der Colorline endet, von wo aus wir zurück nach Kiel fahren. Die Überfahrt am Schluss ist für uns Reiseleiter mehr Freizeit. Es findet kein Programmpunkt mehr statt und unsere Gäste gehen in der Masse der Menschen an Bord verloren. Zum Ablegen in Oslo finden wir noch einmal fast alle wieder, denn bei dem schönen Wetter haben sich die meisten auf dem Sonnendeck versammelt. Der Blick auf die Hauptstadt von hier aus ist wunderschön, bereits übermorgen werde ich hierhin zurückkehren um die nächste Gruppe in Empfang zu nehmen. Während Oslo langsam am Horizont verschwindet, halten wir einen letzten ausgiebigen Plausch mit den Gästen in der Gewissheit, dass der Abschied naht.

Und da es auch für uns Reiseleiter der letzte gemeinsame Abend ist, gönnen wir uns im Dutyfreeshop eine Flasche Wein um den Abschluss der Reise zu begießen. Schön war es wieder einmal. Wehmut stellt sich ein, wie immer wenn eine Tour zu Ende geht. Gerade auf der großen Norwegen-Panoramareise entsteht innerhalb von fünfzehn Tagen eine enge Bindung zu den Gästen durch die vielen organisatorischen Details. Das macht den Abschied immer besonders schwer.

Kiel, 10. Mai

Kiel ist in Sicht und damit naht das Ende des Internetvakuums, in dem man sich während der Überfahrt befindet. Das Massenfrühstücksbuffet hat uns wieder, vorbei ist es mit gemütlicher Hurtigrutenschiff-Glückseligkeit. Aber es sind eben viermal so viel Passagiere an Bord. Nach dem Frühstück heißt es warten aufs anlegen. Der endgültige Abschied naht. Mein Kollege und ich gehen als erste von Bord und stellen uns im Terminal auf, wo es herzliche Umarmungen hagelt und wir die Gäste endgültig in ihre Weiterreise entlassen. Manche haben noch einen langen Tag vor sich und verstreuen sich danach weiter in alle Himmelsrichtungen. Aber alle nehmen unvergessliche Eindrücke mit, von denen sie hoffentlich noch lange zehren werden.

Jetzt wird es traditionell oder:
norwegische Nationalfeiertagsfreuden

Oslo, 12. Mai

Kaum ist die letzte Tour vorbei, beginnt schon die nächste. Die neuen Gäste kommen. Wir haben direkt eine Überraschung im Gepäck. Aufgrund dessen, dass unser Stammhotel abgerissen wird, spielen wir mit unseren Gruppen im Moment Hotelroulette. Heute haben wir in Oslo ein ungünstiges erwischt, das sich weit außerhalb der Innenstadt befindet. Der erste Tag ist ja für die Gäste immer besonders anstrengend, da sie mitten in der Nacht aufgestanden sind. Zumindest, wenn die Reise in Oslo beginnt. Nach Stadtrundfahrt und Willkommenscocktail gieren alle nach einer warmen Mahlzeit und am schönsten ist es natürlich, wenn man zum nächsten Restaurant nur um die Ecke gehen muss. Damit können wir heute nicht dienen. Die Innenstadt liegt eine Viertelstunde mit der U-Bahn entfernt, nicht das, was in den Motivationsplan der Gäste passt. Ungünstigerweise hat sich die Küche unseres Hotels nicht auf achtzig Restaurantgäste eingestellt. Ein guter Tourstart. Um die Küche nicht noch zusätzlich zu belasten, beschließen meine Kollegin und ich auf Nahrungssuche außerhalb des Hotels zu gehen. Da ich mich in diesem Stadtteil für gewöhnlich selten aufhalte, bin auch ich überfragt, ob Essbares in der Nähe ist. So schlendern wir also durch die Straßen und begutachten die Restaurantvielfalt dort, die sich gegen null bewegt. Nach einigem hin und her überlegen wir, der Innenstadt doch noch einen Besuch abzustatten, als wir gleich an der U-Bahnhaltestelle einen winzigen Laden entdecken. Immerhin führt er Obst, Gemüse und Sandwiches. Wir finden uns also damit ab, dass die Küche heute kalt bleibt bis uns der kleine Imbiss gleich nebenan ins Auge sticht. Also befinden wir, dass es sich dort bestimmt fabelhaft essen lässt oder man ein warmes Essen mitnehmen kann. Wir entscheiden uns für Sushi und indisches Curry. Die Bordsteinkante in der Sonne erscheint uns als Platz für die Nahrungsaufnahme ideal. Tatsächlich entpuppt sich der Imbiss als kulinarischer Glückstreffer und avanciert zu meinem Favoriten, sollte ich jemals wieder in diesem Hotel übernachten müssen.

Bergenbahn, 13. Mai

Früh aus dem Bett ist heute wieder Pflicht, denn der Gepäckservice wartet bereits um 6:15 Uhr, um unsere Habseligkeiten nach Bergen zu transportieren. Obwohl meine Kollegin und ich früh dran sind, steht die aufgebrachte Gruppe bereits in der Lobby. Problematik am frühen Morgen ist genau das, was man sich als Reiseleiter wünscht. Bevor ich klar denken kann, entlädt sich über meiner Kollegin und mir der Unmut darüber, dass wir erst um sieben Uhr frühstücken können. Sonntag! Da bereits um 7:20 Uhr unser Transfer zum Bahnhof vor der Tür steht, kann man von entspannt wohl nicht sprechen. Als Gast will man eben nicht im Eiltempo sein Frühstücksbrötchen runterschlingen. Durchaus verständlich. Ich versuche also mit der Rezeption zu klären, ob es irgendwie machbar ist, das Frühstück früher zu servieren. Aber ich stoße auf Granit. Das sind die Sternstunden des Reiseleiterjobs. Man fungiert als Puffer zwischen nicht kooperationsbereitem Hotel und Gästen, die ihr Frühstück wollen. Ich bleibe hartnäckig und kann tatsächlich die Hotelküche dazu bewegen, das Frühstück immerhin fünfzehn Minuten früher bereit zu stellen. Auch keine Ideallösung, aber besser als nichts und immerhin dafür geeignet, die Laune der Gäste zu heben. Der Fahrt mit der Bergenbahn steht nichts mehr im Wege.

Als wir am Nachmittag in Bergen auf Stadtrundfahrt gehen, merken wir gleich, dass ein besonderes Flair herrscht. Der 17. Mai naht und am norwegischen Nationalfeiertag ist bekanntlich ganz Norwegen aus dem Häuschen. Auch in Bergen laufen die Vorbereitungen auf Hochtouren, am Hafen lockt bereits eine Kirmes die Vergnügungssüchtigen und an jeder Ecke taucht ein Spielmannszug auf, der zur Freude der Touristen aufspielt. Wir werden den Nationalfeiertag auf dem Schiff erleben und sind gespannt darauf.

MS Richard With, 14. Mai

Sonntag in Ålesund. Heute ist der Aksla dran! Seit Anfang letzten Jahres war ich nicht mehr dort oben. Entweder hatte ich auf dem Schiff zu tun und die Zeit reichte nicht oder es regnete in Strömen. Heute trifft keins von beidem zu. Wir machen uns also auf in Richtung Stadtpark, wo sich der Einstieg zu den 418 Stufen befindet. Vor ein paar Jahren wurden sie neu ausgebaut, so dass sie jetzt sehr bequem zu laufen sind. Alle paar Meter wurde ein kleiner Aussichtspunkt eingerichtet oder eine Bank zum Ausruhen, was mir als Sportmuffel sehr entgegen kommt. Bereits nach kurzer Zeit ist mir klar, dass ich unbedingt wieder mehr Sport machen muss. So alle hundert Stufen brauche ich eine kleine Atempause, aber natürlich deklariere ich es als Aussichtspause. Man will sich ja nicht die Blöße geben, dass die Gäste fitter sind als man selbst. Heute hat man wirklich den Eindruck, dass das ganze Schiff auf den Hausberg pilgert. Wie eine kleine Karawane steigen wir hinauf.

Die Belohnung gibt es oben. Den fantastischen Blick über Ålesund. Man schaut hier nicht nur auf das wunderschöne Jugendstilzentrum, sondern auch auf die Sunnmøre Alpen. Wie habe ich diese Aussicht vermisst. Mit meiner Kollegin gehe ich noch rauf zum „Gipfel", ein kleiner Weg führt gleich hinter der Fjellstua noch ein paar Meter hinauf zu einer Art Gipfelkreuz. Der Blick auf die Stadt ändert sich hier zwar nicht wesentlich, aber es ist so herrlich ruhig dort. Und weil das so ist, machen wir dort erst einmal Rast und genießen. Bis der Regen kommt. Sagte ich schon, dass ich in Ålesund immer Regenglück habe, wenn ich Zeit hätte auf den Aksla zu laufen? Ok, ich bleibe mir also wenigstens treu. Bevor es allzu sehr anfängt zu schütten, machen wir uns auf den Rückweg. Aber immerhin waren wir oben.

Am Abend in Kristiansund gibt es wieder ein Hurtigrutenfamilientreffen. Ein Kollege von mir arbeitet auf der MS Finnmarken, hat gerade seine Freiphase und wohnt in Kristiansund. Da wir noch im Winterfahrplan sind, haben wir eine Stunde Zeit, wie geschaffen für einen Plausch. Ja, unsere beliebten Von-Schiff-zu-Schiff-Treffen. Somit spare ich mir, in Kristiansund an Land zu gehen und wir plaudern über dies und das. Wie immer vergeht die Zeit viel zu schnell.

MS Richard With, 15. Mai

Da die MS Kong Harald ja bei meiner letzten Tour in Rørvik offensichtlich nichts mit mir zu tun haben wollte, nutze ich heute die Gelegenheit und gehe nach dem Frühstück in Trondheim rüber. Und da treffe ich einige, die ich kenne. Allerdings scheint wieder Schiffsroulette gewesen zu sein und die Teams wurden quer durch alle Schiffe neu zusammen gewürfelt. Seit dem 1. April ist auf fast allen Schiffen ein Expeditionsteam installiert, dass den Gästen zusätzliches kulturelles Veranstaltungsprogramm bietet. Auf der Kong Harald treffe ich heute also liebe Kollegen, die ich eigentlich auf einem anderen Schiff wähnte. Und ein gemütlicher Plausch ist ein guter Start in den Tag. Meistens neige ich dazu, mich leicht zu verquatschen, so dass es wieder ein gehetzter Aufenthalt in Trondheim wird. Also mehr Rundlauf als Rundgang. Aber heute will ich unbedingt nach Trondheim rein, da das Wetter einfach fantastisch ist.

Am Abend findet wieder meine Lieblingsschiffsbegegnung statt, in Rørvik treffen wir auf die MS Lofoten. Hoffentlich sind beide Schiffe pünktlich. Ich will diesmal im Bordshop einkaufen und die Lofoten liegt sowieso nur eine halbe Stunde am Kai, Shopping im Eiltempo also, bei Verspätung sogar im Zeitraffertempo. An sich bin ich überhaupt kein Shopping-Typ, aber gelegentlich leide ich unter Anfällen von Fleecejacken-Sucht. Heute zum Beispiel. Ich rede mir das einfach damit schön, dass der Shop ja auch Umsatz braucht. Viele von den Gästen gehen mit zur MS Lofoten, sie übt auf fast jeden eine gewisse Faszination aus. Immerhin ist sie das älteste Schiff der Flotte und sie repräsentiert immer noch so etwas wie „Seefahrt zu Großmutters Zeiten". Nostalgisch eben. Auch von der Lofoten kommen viele Gäste zu uns aufs Schiff, eben mal schauen, wie es auf einem so großen Kahn ist. In gewisser Weise treffen so immer zwei Welten aufeinander.

MS Richard With, 16. Mai

7:12 Uhr. Tuuuuuuuuuut. Ja, heute hatte ich wieder einmal Ambitionen bei der Überquerung des Polarkreises draußen zu sein. Einfach schön, wenn der kleine Globus am Berg Hestmannen vorbei zieht. Vor allem, wenn das Wetter so traumhaft wie heute ist. Da kann ich dann auch als Langschläfer nicht im Bett bleiben. Und weil es so schön ist, bleibe ich gleich bis Ørnes draußen. Die herrliche Bergkulisse zieht vorbei, lauschige Häuser am Ufer, die Berge immer noch schneebedeckt. Streckenfreuden der Extraklasse. Da donnert man gerne einmal dreihundert Bilder auf die Speicherkarte. Niemals werde ich müde auf der Reise Bilder zu machen, übrigens eine der beliebtesten Fragen der Gäste. Ich gebe ja zu, dass sich auf meinen Touren mittlerweile Einiges an Fotos angesammelt hat, aber die Strecke ist jedes Mal anders, anderes Licht, andere Jahreszeit und auf jeder Tour entdecke ich etwas, was ich bis jetzt noch nicht gesehen habe.

In Bodø sind wir wieder mal am anderen Kai, der Hurtigrutenkai wird nach wie vor aufgehübscht. Vor unserem Schiff hat sich das NRK aufgebaut und macht fleißig Interviews mit den Passagieren, schließlich ist morgen Nationalfeiertag und Norwegen möchte schon mal wissen, ob die Gäste mitfeiern. Wo norwegisch fehlt, wird auf Englisch interviewt und viele trauen sich vor die Kamera.

Ich sprinte mit den Ausflüglern, die mit dem Speedboot zum Saltstraumen fahren, zum Hurtigrutenkai nebenan. Heute ist meine Kollegin dabei und auch einige Gäste aus unserer Gruppe, Zeit um Erinnerungsfotos zu schießen. Die meisten vergessen das, während sie in die Overalls schlüpfen und sich Sturmhaube und Schutzbrille überziehen. Ebenso froh sind die meisten, nach dem Ausflug von uns ein Erinnerungsfoto zu bekommen.

Nachdem alle Boote auf dem Weg sind, befinde ich, dass ich Bodø heute ansonsten ignoriere und einiges Organisatorische erledige.

Dafür gehe ich am Abend zum ersten Mal in Stamsund von Bord. Eine halbe Stunde Liegezeit reicht zwar nicht wirklich für eine ausgiebige Erkundung, aber das Licht ist so wunderschön, dass ich nun doch wissen will, was dort noch so ist. Also im Stechschritt zum winzigen Hafenbecken und siehe da: Stamsund ist wirklich entzückend. Typische Lofotfischerhäuschen in rotem Anstrich, verschlafene Boote und alles getaucht in das wunderbare Lofotenlicht, das ganz eigen ist. Schade, dass die Zeit nur für ein paar Schnappschüsse reicht, aber besser als nichts. Das phänomenale Licht bleibt uns allerdings auf der Fahrt nach Svolvær erhalten, so dass wir alle fasziniert an Deck stehen. Die MS Nordlys kommt uns entgegen, da ja elf Schiffe im Rollsystem an der Küste entlang fahren, hat man eben folglich jeden Tag eine Begegnung. Heute wird das anders sein, aber das wissen wir zu dem Zeitpunkt noch nicht.

Als wir dann in Svolvær ablegen, gibt die Sonne eine Vorstellung in Wolkentanz, denn sie umgibt sich mit allem, was an Wasserdampf in der Luft schwebt und taucht alles in ihr ganzes Farbenspektrum. Sagenhaft. Zwei Jetskifahrer befinden, dass unser Heckruderstrahl hervorragend geeignet ist, um auf ihm zu tanzen und führen uns ihre Fahrkunst vor. Wir sind ihnen sehr dankbar, denn in Kombination mit den Bergen von Svolvær liefern sie uns das perfekte Fotomotiv.

Schluss für heute. Ich beschließe, mir den Raftsund und Trollfjord zu schenken und verabschiede mich in meine Kabine. Da unverhofft aber bekanntlich oft kommt, ziehe ich mich eine halbe Stunde später bereits wieder an, denn wir haben ein besonderes Begegnungsvergnügen. Die MS Fram parkt im Raftsund, das Licht ist immer noch fantastisch, nein, da muss man einfach doch noch einmal rausgehen. Manchmal geht es mir eben wie den Gästen, die stets dazu neigen, der Meinung zu sein, etwas zu verpassen. Das liegt wahrscheinlich daran, dass die Reise so viele Eindrücke bereithält, von denen man auch nach der Tour noch lange zehrt.

MS Richard With, 17. Mai

Gratulerer med dagen! Nationalfeiertag. Heute gönnen wir uns den Luxus, gleich in zwei Städten zu feiern. Schiffsfahrplanvorteil. Nachdem ich letztes Jahr in Honningsvåg so ziemlich die einzige war, die fleißig die norwegische Flagge geschwenkt hat, habe ich die vage Hoffnung, dass 2017 mehr Nationalfeiertag ist – zumindest da, wo ich mich aufhalte. Wenigstens kann ich so die Oslo-Sehnsucht klein halten, die bei mir heute aufkommt, denn für gewöhnlich ist da die ganze Stadt auf den

Beinen und man hat zuweilen das Gefühl, dass die norwegische Flagge an diesem Tag zum essentiellen Bekleidungsmodus gehört.

Doch von vorne. Bei uns auf dem Schiff sind jedenfalls heute die Frühaufsteher gefragt, denn bereits um 6:45 Uhr steht in Harstad der Chor Spalier, der uns mit frühmorgendlichem Gesangsprogramm beglückt. Zum Festtag haben alle ihre Tracht, die Bunad, rausgekramt. Dass wir feierlich Norwegens Flagge am Heck hissen, versteht sich von selbst. Kurz durchschnaufen bis Finnsnes. Mittlerweile befinden wir uns mit dem Schiff ja 300 km nördlich des Polarkreises und alle schielen natürlich auf den Wetterbericht. Der Norweger ist es gewohnt, dass am Tag, wo er sein Land feiert, eher bescheidenes Wetter herrscht und er trägt es mit Fassung. Keiner lässt sich von niedrigen Temperaturen diktieren, eine Jacke über die Tracht zu ziehen. Man beißt die Wikingerzähne zusammen. Aber Finnsnes überrascht uns. Die Sonne hat sich überlegt, ihre Strahlen zu uns zu lenken.

Schon beim Anlegen Blaskapellenseligkeit, man könnte meinen, das ganze Städtchen hat sich zusammen gerauft, um unser Schiff willkommen zu heißen. Mit Schiffsbanner bewaffnet, reihen wir uns ein in den Festumzug. Nicht nur viele von der Crew, auch der Großteil der Gäste genießt es, durch Finnsnes zu ziehen, zumal den Straßenrand jubelnde Norweger säumen.

Auch für mich ein ganz neues Erlebnis, denn in Oslo habe ich bis jetzt eher zu denen gehört, die ebenfalls am Straßenrand Fähnchen schwenkend „hipp hipp hurra" rufen. Zwischenzeitlich ziehen wir Jacken und darunter befindliche Fleece-Oberteile aus, so warm ist es. Schließlich sind wir in der Arktis und die ist ja bekannt für T-Shirt-Wetter. Ablegen um halb zwölf? Das wird heute nichts. Festtag geht vor Pünktlichkeit.

Nach dem Umzug fahren wir mit halbstündiger Verspätung brav weiter gen Norden. Tromsø wartet und wir sind alle gespannt auf das Festtagstreiben hier. Den guten Draht zum Wettergott haben wir allerdings irgendwo auf der Fahrt verloren. Es regnet. Immerhin sind wir so wieder in der 17.-Mai-Wettervertrautheit. Auch in Tromsø steht eine Blaskapelle am Kai Spalier und spielt, was das Zeug hält. Den restlichen Platz haben die Tromsøer in Beschlag genommen, sie gieren nach dem Kuchenbuffet, das bereits im Schiff wartet. An Deck heißt es bald: wegen Überfüllung geschlossen.

Wir hingegen hüpfen gleich in die Stadt, die heute ebenfalls zum Bersten voll ist. Auf der Hauptstraße gibt es alles, was das Herz begehrt und viel Kalorien hat, aber wer wird am 17. Mai denn aufs Gewicht achten. Waffeln und Pølser locken an jeder Ecke und natürlich Eiscreme, die heute gefühlt tonnenweise geschleckt wird.

Im Regen geht es dann auch los zum Kongsbakken. Aufstellen und so. Alle Gruppen sammeln sich hier und lassen sich während des Wartens schon mal nassregnen. Ich wünschte, ich wäre eine Tuba, dann hätte ich eine hübsche Regenhülle. Während ich noch überlege, ab jetzt schlecht gelaunt zu sein, geht es auch schon los. Und da mich nach zwei Minuten gleich wieder der Festtagsmodus packt, sind nasse Haare und kalt dann doch ziemlich egal. Auch hier hat sich die ganze Stadt versammelt um dem Zug zuzuwinken. Vom Straßenrand und aus jedem geöffneten Fenster hört man „hurra". In Tromsø machen wir dann auch die große Runde. Vorbei am Polaria, dem Aquarium der Stadt, wir passieren die Mack-Brauerei und biegen schließlich auf den Marktplatz ein, auf die Eismeerkathedrale blickend, die am Ende der Tromsøbrücke thront. Ja, so geht 17. Mai. Nach zwei Umzügen mit winken, rufen und feiern sind wir müde, aber glücklich. Es war ein Tag der Superlative.

MS Richard With, 18. Mai

Ach wie entspannt ist es doch zum Nordkapp zu fahren, ohne guiden zu müssen. Auf der letzten Tour musste ich ja auf selbiger reichlich schwitzen, deshalb genieße ich heute umso mehr die Landschaft. Auch nach so vielen Fahrten finde ich die dreißig Minuten, bis man das Nordkapp erreicht, einfach zauberhaft. Ich mag ja diese karge Landschaft, den Blick auf Skarsvåg, die Landzunge Knivskelodden und die Vogelinsel Gjesværstappan. Die Rentiere sind wieder da und ziehen über die Insel. Fotografisch erwische ich keins, da sie jetzt ihr helles Fell tragen und sich gegen den Schnee kaum absetzen. Heute wird es daher nur eine Sammlung unscharfer Bilder. Egal. Ungewöhnlich, dass dieses Jahr immer noch so viel Schnee um diese Jahreszeit liegt. So langsam könnte er mal wegtauen. Auch am Nordkapp-Plateau liegt noch fast ein Meter Schnee. Während im übrigen Europa schon die Badehosen ausgepackt werden, braucht man hier immer noch Kleidung vom Model Zwiebel. Oder eher Arktis. Nun ja, da sind wir ja auch. Der Wind pfeift uns heute so entgegen, dass man sich geradezu am Globus festhalten muss um nicht ins Meer geweht zu werden. Heute gibt es von den Gästen Michelin-Männchen-Fotos, da sie alle so herrlich vom Wind aufgeblasen werden. Nasse Füße gibt es heute ebenfalls gratis dazu. Auf den Wegen taut es, da wird der Schnee ja auch so herrlich platt getreten, so dass er sich zumindest an diesen Stellen nicht mehr gegen den Frühling wehren kann. Ist ja auch viel lustiger in knöchelhohen Pfützen rum zu waten. Da werden die Schuhe auch einmal von innen sauber.

Für mich ist wieder Ausflugstag. Ich begleite die Königskrabbensafari. Ich muss ja zugeben, dass mir das Ganze nicht so richtig geheuer ist. Also ich weiß ja, dass man die Tierchen töten muss, bevor man sie essen kann, aber will ich das sehen? Nun ja, ich bin gespannt. Ich steige heute also in den kleinsten Ausflugsbus und wir fahren zu einem kleinen Bootssteg irgendwo in Kirkenes. Immer diese Sturmhauben. Also den Overall nehme ich ja bereitwillig, bevor ich aufs Speedboot steige, aber das ganze Zeug am Kopf weise ich heute vehement von mir. Ich bin schon in dem Overall kurz vor dem Hitzetod. Wir sausen in Richtung des gegenüberliegenden Ufers an unserem Schiff vorbei und ich finde den Wind einfach herrlich. Meine Mitfahrer befinden sich zu diesem Zeitpunkt bereits in der Sturmhauben-Verfluchungsphase. Erste Reuse. Und sind Krabben drin? Nein, hier hat sich keine in die Falle verirrt. An dieser Stelle haben die Tierchen wohl beschlossen, dass sie heute nicht auf dem Teller landen möchten. Nächste Reuse. Es sind Krabben drin. Glück gehabt, oder Pech, je nachdem von welcher Seite man es sieht. Acht Stück, die noch nicht wissen, was ihnen gleich blühen wird. Ja, ich weiß, sie vermehren sich rasend schnell und sind eigentlich so etwas wie Ungeziefer, aber in diesen Momenten kommt bei mir eben doch die Tierliebhaberin durch. Wobei ich mich bis heute frage, warum sie so teuer sind, wenn man sie im Restaurant bestellt, wo sie doch zuhauf in den Meeren schwimmen und da so ziemlich alles wegfressen, was ihnen vor die Mundöffnung kommt. Es wird wohl ein Geheimnis bleiben.

Zunächst aber werden die weiblichen aussortiert und wir bekommen eine Lehrvorstellung in Krabbenanatomie. Die Krabbendame von heute darf nicht getötet werden und erfreut sich am Weiterleben im Meer. Der Krabbenherr hat dagegen Pech gehabt. Vier werden heute ihr Leben unfreiwillig beenden. Gott sei Dank geht es schnell. Ein beherzter Schnitt mit dem Messer durch den Kopf und die Krabbe hat es hinter sich. Zugucken dabei kann ich trotzdem nicht. Wo sie jetzt aber schon mal tot sind, kann man sie auch essen. In der kleinen Hütte am Ufer ist liebevoll der Tisch gedeckt und wir schälen uns aus unseren Overalls. Draußen steht bald ein großer Topf voller Krabbenbeine. Das Besondere: sie werden nicht gekocht, sondern nur gedämpft. Sie entwickeln auch gleich so viel Dampf dabei, dass wir geradezu im Nebel stehen. Nebenbei färben sie sich von beige in leuchtend rot, wie das Schalentiere eben so machen, wenn sie sich in großer Hitze aufhalten.

Dann ist es soweit. Hübsch drapiert auf einem Tablett finden die Beinchen den Weg in die Hütte und damit auf unseren Teller. Mit Weißbrot, Butter und Zitrone. Himmlisch. Sie schmecken wirklich fabelhaft, frischer könnten sie ja auch kaum sein. In den Gewässern hier vor der Küste gibt es so viele, dass sie manchmal bis ans Ufer klettern. Vom Krabbenwohnzimmer direkt in die Küche. Gut, dass sie nicht wissen, dass am Ufer der Kochtopf lauert. Unfassbar, wieviel Fleisch aus einem einzigen Bein hervorkommt, wenn man denn erst mal dran gekommen ist. Man muss schon schweres Gerät auffahren, wenn man den Panzer knacken will. Die Krabbe wehrt sich eben auch posthum noch gegen die Leichenschändung. Wir genießen das köstliche Fleisch trotzdem. Und da in ihm besonders viel Protein enthalten ist, macht es vor allem eins: satt! Nach drei Krabbenbeinen gebe ich auf. Kein einziger Bissen geht noch in mich hinein. Allen anderen geht es ebenso. Und langsam ist es Zeit, zurück zum Schiff aufzubrechen. Ich brauche wohl nicht zu erwähnen, dass auch meine Mitfahrer Sturmhaube und Co. jetzt dezent am Boden des Speedbootes verschwinden lassen.

Kurz nach zwölf sind wir zurück am Schiff. Pünktlich zum Mittagessen. Nein, bitte. Mindestens die nächsten fünf Tage kann ich nichts mehr essen. Das Mittagsbuffet schwänze ich heute.

Am späten Nachmittag erfreut uns ein hübscher kleiner Sturm. Die Barentssee hat mal wieder Schaukelstunde. Der Wind wird stärker und stärker und das Schiff scheint sich zu leeren. In der Kabine im Bett liegen ist heute die Lieblingsbeschäftigung der meisten Gäste. Zwischenzeitlich werden die Außendecks geschlossen und es bleibt uns nichts übrig, als im Schiff abzuwarten bis der Sturm nachlässt. Ich bin gespannt, ob wir am Abend in Berlevåg anlegen. Aber doch, wir tun es. Ein Auto will aussteigen. Eine gefühlte Ewigkeit dauert es, bis wir uns aus dem Hafenbecken wieder heraus bewegen. Währenddessen schwimmt die MS Nordnorge bereits draußen herum und veranstaltet ein Tänzchen um sich selbst. Die Barentssee scheint mit 30-Sekunden-Kollegen-Appointments im Moment nicht kompatibel zu sein. Auch heute ist ein lieber Kollege auf dem anderen Schiff, winken wird bei dem Sturm eine Herausforderung. Immerhin sind die Decks wieder offen. Und am Heck fliegt man wenigstens nicht weg. Winken geschafft.

MS Richard With, 20. Mai

Nachdem ich mich in Hammerfest mal so richtig ungeplant auf der Straße hingelegt habe, ist heute Hosenstopftag. Das Loch muss weg.

Am Nachmittag ist es Zeit für meinen Vortrag. Ich muss sagen, dass ich diese Vortragstage liebe. Meistens erzähle ich von den Eigenheiten der Norweger, wie sie ticken und in was für Fettnäpfchen man treten kann, wenn man nach Norwegen kommt. Und Fettnäpfchen gibt es eine Menge wie ich erfahren durfte, als ich vor vier Jahren nach Norwegen kam. Und wo jetzt schon die ganze Gruppe versammelt ist, verkünde ich auch gleich, dass wir heute Abend ein Gruppenfoto machen werden.

Nicht immer klappt diese Aktion, aber wir Reiseleiter hören oft, dass viele aus der Gruppe sich über ein entsprechendes Foto freuen. Das schwierigste dabei ist, den passenden Zeitpunkt zu finden. Das Schiff soll ja in irgendeiner Form mit drauf sein. Auf den Reisen, bei denen wir in Trondheim aussteigen, geht das am leichtesten. Viel Platz am Kai und das Schiff liegt so schön dekorativ da. Auf dieser Tour müssen wir einen anderen Zeitpunkt finden. Heute soll es Deck sieben sein. Dass die Lyngenalpen dazu vorbeiziehen, kommt uns gerade recht. So machen wir's.

Und die fabelhaften Lyngenalpen schauen wir uns natürlich auch ausgiebig an. Schweinekalt ist es, aber wir halten durch.

MS Richard With, 21. Mai

Am Lofoten-Tag geht's landschaftlich immer rund, heute auch. Und für mich ist es wieder ein Ausflugstag, da ich am Abend die Lofoten-Tour begleite. In Svolvær geht es los und erst in Stamsund werden wir wieder zusteigen. An den Lofotenausflügen finde ich ja immer schön, dass man auch Teile der Inselgruppe sieht, die man vom Schiff aus nur von weitem erspähen kann. Das kleine Fischerdorf Henningsvær zum Beispiel. Fährt man dort mit dem Schiff vorbei, ist die Durchsage das Einzige, was man von diesem entzückenden Kleinod wahrnimmt. Fabelhaft, dass wir auf dem Ausflug dort eine gute Stunde Aufenthalt haben. Auf dem Weg dorthin geht es vorbei an lauschigen Hütten und zauberhaften Landschaften. Eigentlich müsste man überall aussteigen um das Ganze vollends zu genießen. Aber auch die Sicht aus dem Bus versetzt einen in Entzücken, zumal die Berge sich wunderschön gegen den blauen Himmel absetzen. In Henningsvær angekommen sind wir begierig, das kleine Dörfchen zu erkunden. Viele von unserer Gruppe sind dabei und wir finden uns gleich zum kleinen Spähtrupp zusammen. Zur Mole wollen wir, denn da hat man einen fantastischen Blick über Boote, Hütten und das kleine Hafenbecken. Schon auf dem Weg dorthin wird uns klar, dass die Stunde Aufenthalt wie im Flug vergehen wird. Nahezu an jeder Ecke guckt man in kleine Gassen und auf liebevoll arrangierte Sitzgelegenheiten um hier zu verweilen. Unsere Kameras klicken unentwegt. Bis zur Mole ist es nicht besonders weit, wie aufgereiht stehen wir um den entzückenden Blick zu genießen. Die Einheimischen denken sich bestimmt ihr Übriges. So ist das eben mit dem Tourismus, Fluch und Segen zugleich.

Hier in Henningsvær gibt es auch ein Fußballfeld, das so abenteuerlich auf ein Inselchen gebaut ist, dass man sich fragt, wer den Platz dafür wohl auserkoren hat. Am besten sieht man es natürlich aus der Luft und da wir kein faltbares Flugzeug dabei haben, begnügen wir uns mit dem bloßen Wissen, dass das Ding existiert. Natürlich geht die Stunde Aufenthalt so schnell vorbei wie befürchtet, man könnte hier ewig damit zubringen, die Atmosphäre in sich aufzusaugen. Ein Grund wieder zu kommen. Wir trösten uns damit, dass auch die Fahrt nach Stamsund nicht zu verachten ist. Kurz nach der Abfahrt in Henningsvær sehen wir weit draußen unser Schiff. Obwohl es sich nur langsam durch die See zu schieben scheint, wird es vor uns in Stamsund sein. Wir legen derweil noch einen Fotostopp ein mit Blick über die Lofoteninsel Grimsøy, Ausblick der Extraklasse.

MS Richard With, 22. Mai

Die Helgelandküste wartet heute mit sonnigem Wetter auf. Zeit um sich auf Deck sieben unter den Heizstrahlern einzurichten und die Landschaft zu genießen. Das tun heute immens viele von unserer Gruppe, Sekt schlürfend, um sich vom Geschmack des Lebertrans zu regenerieren. Auch wir Reiseleiter gesellen uns dazu. Immer mehr von unserer Gruppe finden auf Deck sieben und bald haben wir alle Sitzgelegenheiten zu einer Gruppensiedlung umfunktioniert. Die Stimmung ist großartig und dementsprechend wird an diesem Vormittag viel und herzlich gelacht. Ein gelungenes Beisammensein. Doch scheinbar gehört nicht für jeden gute Laune zu den schönen Dingen des Lebens. Kaum haben wir die Runde aufgelöst um den Magen beim Mittagessen im Restaurant zu füllen, nehmen uns zwei

Gäste zur Seite und erklären uns theatralisch, dass sie sich von guter Laune extrem gestört fühlen. Moment mal, von guter Laune gestört? Ich kann mir die Frage nicht verkneifen zu eruieren, ob Trauermienen mehr ihrem Geschmack entsprechen. Sie bekunden, dass sie die Begeisterung für die Reise geradezu verabscheuen, besonders wenn man sie unmissverständlich zum Ausdruck bringt. Ich beschließe, das höflich zu ignorieren. Mein Bedauern ist mit ihnen. Unsere schändliche gute Laune behalten wir weiter. Und es schreit geradezu danach, nach dem Mittagessen eine zweite Gute-Laune-Unterhaltungsrunde auf Deck sieben einzuläuten. Diesmal gesellen sich auch Gäste, die nicht zu unserer Gruppe gehören, dazu und unterhalten sich prächtig. Die zwei Launelosen bleiben den ganzen Tag verschwunden.

MS Richard With, 23. Mai

Die Wehmut ist zurück, denn die Tour neigt sich dem Ende entgegen. Das Wetter macht es uns nicht leicht den Abschied einzuläuten, denn die Sonne lacht vom Himmel. Für uns ein Grund heute den Aufenthalt in Kristiansund und Molde voll auszukosten. Ok, in Kristiansund kann man eine halbe Stunde Liegezeit nicht das nennen, was sich für einen ausgedehnten Spaziergang eignet, aber wenigstens die Klippfischfrau wollen wir unseren Gästen zeigen. Schließlich ist Kristiansund die

Klippfischstadt, wo der Dorsch früher in gesalzenem Zustand auf den Klippen getrocknet wurde. Heute bedient man sich entsprechender Fabriken, die das erledigen. Ist ja auch viel besser, wenn die Fischlein beim Trocknen schon mal dem Entgehen, was die Möwen so fallen lassen. Ich finde ja Klippfisch noch schlimmer als Stockfisch. Fisch mit ausgeprägtem Salzgeschmack? Nein.

Die Romsdalsalpen geben in Molde dann eine Extravorstellung in Landschaftszauber, die Berge sind schneebedeckt und am Wasser riecht es endlich nach Frühling. Wie ein kleines Kunstwerk spiegelt sich unser Schiff im Seilet Hotel, als wir daran vorbeifahren. Fabelhaft. Ein kleiner Rundgang durch die Stadt ist auch noch drin. Molde schmiegt sich an die bergige Umgebung und wir marschieren Richtung Rathaus zum Rosenmädchen. Molde ist ja die Stadt der Rosen, weil hier aufgrund des milden Klimas die Pflänzchen hervorragend gedeihen. Auf dem Rathausdach wurde deshalb ein Rosengarten angelegt. Aber auch der kann einen über das hässliche Bauwerk nicht hinwegsehen lassen. In punkto scheußliche Rathäuser sind die Norweger wirklich weltführend. Ein Graus. Dafür ist der Blick vom Hafenbecken auf die Umgebung umso schöner. Die Sonne spiegelt sich im Wasser und der Anblick lässt uns alle in Entzücken ausbrechen.

Der Ausschiffungstag ist angebrochen. Die erste Tour dieses Jahr, auf der ich erst in Bergen aussteige. Also heißt es warten. Wenn die Touren in Trondheim enden, kommt keine Langeweile auf, weil wir immer noch etwas zu organisieren haben und der Ausstieg ja schon am frühen Morgen erfolgt. Heute haben wir noch den ganzen Vormittag bis Bergen wieder in Sicht ist. Aber auch dieses letzte Stück der Strecke ist zauberhaft. Viele vergessen, auch den Ausschiffungstag noch voll zu genießen, weil man sein ganzes Handgepäck mit sich führt. Nach 10 Uhr sind die Kabinen tabu, schließlich muss das Housekeeping ja auch fertig werden, bis die neuen Gäste reinschneien. Meistens können wir die Bordreiseleitung dazu bewegen, einen der Konferenzräume zum Gepäckraum umzufunktionieren, so dass wir unser Zeugs dort parken können. Eine halbe Stunde vor Anlegen in Bergen wird es dann aber doch meist unruhig im Schiff. Aufbruchstimmung. Wir Reiseleiter schlüpfen immer gleich mit als erste vom Schiff um den Gästen den Weg zu unseren Transferbussen zu weisen. Schon wieder Abschied. Taschentücher raus. Letzter Blick auf unser Schiff. Auf Wiedersehen.

Mitternachtssonnenzeit oder:
wenn der Winter endlich aufgibt

Oslo, 29. Mai

Ankunftstag. Die neuen Gäste machen sich in ganz Deutschland auf um nach Oslo zu fliegen. Eine kleine Gruppe ist es diesmal und so bin ich als Reiseleiterin allein am Start. Und heute kommen alle auf nur zwei Flüge verteilt. Da können wir ja zügig in die Stadt starten. Denkste. Denn heute ist KLM absolut nicht mein Freund. Nachdem die Flieger gelandet sind, dauert es ewig, bis die Gäste auftauchen. Ohne Koffer. Nein bitte. Dass in Amsterdam beim Umsteigen bevorzugt Koffer verschwinden, weiß ich ja schon, aber gleich zehn Stück in meiner Gruppe? Ich glaube zunächst noch an die Lösung, dass die Gäste einfach zu kurz gewartet haben. In Oslo ist man zuweilen langsam mit der Gepäckausgabe. Da kann es auch schon mal sein, dass das Band anhält und man denkt es kommt nichts mehr und dann geht es doch weiter und die kleine Luke spuckt noch ein paar Koffer. Heute nicht. Zehn Koffer fehlen, bei zwanzig Gästen ist das eine Rekordleistung. Immerhin lässt mich das Flughafenpersonal in den Sicherheitsbereich, so dass ich zusammen mit den Gästen die Formulare ausfüllen kann um die Kofferfahndung einzuleiten. Das Thema „Medikamente im Koffer" ist dann erstmal ein intensives Gesprächsthema. Ja, das wichtige sollte man eben im Handgepäck haben. Nun ja, immerhin sichert uns KLM zu, die fehlenden Gepäckstücke noch abends ins Hotel zu liefern. Wir sind gespannt. Erstmal auf nach Oslo. Bei der Stadtrundfahrt kann man ein wenig durchatmen und das sonnige Wetter versetzt die meisten zurück in den Wir-sind-im-Urlaub-Modus.

Am Abend passiert es tatsächlich: die Koffer kommen. Die letzten um halb elf am Abend. Da ich mich schon in einer Großaktion für Legevakt-Besuche Medikamente beschaffen sah, löst das auch in mir einen gewissen Entspannungsmoment aus. Heute Nacht kann also jeder aus unserer Gruppe gut schlafen.

Bergenbahn, 30. Mai

Riiiiiiiiiiiiiiiiiiiiing. Fünf Uhr morgens. Manchmal hasse ich dieses frühe Aufstehen. Aber die Bergenbahn wartet ja bekanntlich nicht. Und Oslo glänzt heute auch nicht gerade mit Frühaufsteherwetter. Es regnet. Vielmehr nieselt es. Igitt. Immerhin haben wir diesmal wieder ein Hotel erwischt, wo das Frühstück bereits um sechs serviert wird. Heute geht es also gemütlich zu. Der Porter-Service hat sich auch pünktlich zu uns gesellt und da ja die Koffer inzwischen alle eingetroffen sind, kann er auch pünktlich nach Bergen starten.

Am Bahnhof versorgen wir uns noch mit Kleinigkeiten für die Fahrt und bald sitzen wir in der Bergenbahn. Meine Gruppe ist diesmal so schmusig klein, dass wir extrem schnell zusammen wachsen. Schon während der Bahnfahrt herrscht so etwas wie Familienstimmung, es wird gelacht und wir genießen die Strecke. Auch wenn der Wettergott uns nicht gerade Kaiserwetter beschert. Auch auf der Hardangervidda nieselt es und die Wolken küssen fast unseren Zug. Und der Schnee hat sich noch lange nicht verabschiedet, gefrorene Seen häufen sich noch immer an der Strecke. Ja, so ist das in Norwegen, man muss wettermäßig mit allem rechnen. Alle sind natürlich schon gespannt auf das Wetter in Bergen. Regenstadt und so. Aber: diesmal haben wir einen guten Draht zu Odin. Er lässt bereits deutlich vor Bergen blauen Himmel aus den Wolken blitzen. Der setzt sich dann auch durch. Durchs Hanseviertel laufen wir bei strahlendem Sonnenschein, die Bergener sitzen draußen, wo immer man draußen sitzen kann, verlockend, sich einfach dazu zu gesellen. Aber unser Schiff wartet ja schließlich auf uns.

Diesmal ist es die MS Nordlys. Auf ihr bin ich immer wieder gern, inzwischen ist sie zu dem Schiff avanciert, auf dem ich die meisten Reisen absolviert habe. Nach der Stadtrundfahrt entern wir zügig Deck fünf, Kabinen besichtigen, meine gemütlichen acht Quadratmeter gleich am Rettungsboot auf Deck sechs sind mittlerweile so etwas wie mein zweites Zuhause. Auch im Restaurant gibt es heute kein Schlange stehen, unser Schiff ist nur halb voll. Crew begrüßen, lauter bekannte Gesichter. Das ist eben das Schöne. Auf jeder Tour hat man ein bisschen das Gefühl nach Hause zu kommen, weil immer jemand da ist, den man kennt. Obwohl ich nur mit einer kleinen Gruppe unterwegs bin, gibt es allerhand zu tun, alle haben tausend und mehr Fragen, so dass die Zeit bis zum Ablegen wie im Flug vergeht. Einmal mehr: Kurs Nord.

MS Nordlys, 31. Mai

Heute scheint wieder einmal ein Anfall von Kabinentauschsucht vorzuliegen. Das Hauptargument: das Schiff macht nachts Geräusche. Na ja, es ist eben ein Schiff und kein feststehendes Gebäude. Diese Diskussion kommt immer wieder mal auf. Die am meisten gestellte Frage: kann man die Klimaanlage irgendwie abstellen? Nein, kann man nicht, es sei denn man wollte seine Reise auf einem verschimmelten Kahn bestreiten. Auch ich muss mich gelegentlich in der ersten Nacht wieder an dieses rhythmische Geräusch gewöhnen, aber nach zwei Tagen höre ich es schon nicht mehr. Die Gäste müssen sich wohl damit arrangieren, dass auch ein anderes Deck, auf das man möglicherweise umzieht, eine gewisse Geräuschkulisse hat und nicht an Land stehen bleibt. Klar gibt es Kabinen, in denen man mehr von der Maschine hört oder mehr Vibration bei an- und ablegen zu spüren ist, aber so ist das nun mal.

Unser Reisebüro hat aber gesagt, dass......ist zu meinem absoluten Lieblingssatz geworden. Ich will keinesfalls jedes Reisebüro beratungstechnisch verteufeln, aber zuweilen ist es haarsträubend, was da denn manchmal so im Vorfeld erzählt wird. Heute kämpfe ich also damit, wo denn in den Kabinen auf Deck sechs die Panoramafenster sind, die von der Decke bis zum Boden reichen. Moment mal, habe ich was verpasst? Ja, das sind schöne Momente, wo verkaufsfördernde Aussagen eines Reisebüros und Realität zusammentreffen. Immerhin können wir uns darauf einigen, dass das Ganze nach der Tour mit dem Reisebüro geregelt werden muss, es sei denn, ich zaubere noch irgendwo Panoramafenster her oder die Gäste richten sich wohnlich im Panoramasaal ein.

Trondheim, Schütteregen. Da ich ja alle am Vortag mit Stadtplänen ausgestattet habe, werden wohl alle gut in die Stadt
finden. Denkste. Heute liegen wir am Ila Pier und nicht am
Hurtigrutenkai, was zur Folge hat, dass der Weg in die Stadt
nicht mehr stimmt. Mist. Also flugs runter um noch möglichst
viele Gäste zu erwischen. Die wundern sich auch schon, dass
der Pier so ganz anders aussieht als im Stadtplan eingezeichnet.
Und da wir hier höchstselten liegen, muss ich auch erst einmal
rätseln, wo es denn jetzt am schnellsten in die Stadt geht. Der
Regen kommt mir zu Hilfe. Kurzerhand bestellen wir ein paar
Großraumtaxis und die Gäste kommen so auch trocken zum
Nidarosdom. Dadurch, dass wir am Ila Pier liegen, werde ich
mal wieder um ein Kollegentreffen gebracht. Die vage Hoffnung, dass auch die MS Polarlys am Ila Pier liegt, wird nicht
erfüllt. Sie hat sich am Hurtigrutenkai breit gemacht. Kein
Schiffschmusen heute.

In einer Anwandlung von Fitnessaffinität erfülle ich am Nachmittag immerhin meine zehn Runden auf Deck fünf. Das ist so
eine stille Anordnung der Brücke, schließlich sollen wir nicht
vollends verfetten. Ich bin ja eher von der Sorte Bewegungs-
muffel, aber da sich das Wetter deutlich gebessert hat, bin ich
hochmotiviert. Gegen den Wind angehen hat tatsächlich etwas
von Fitness-Studio. Nach Runde fünf glühen die Waden und

immer mehr Gäste schließen sich meinem „Fitnessprogramm" an, so dass nach kurzer Zeit so etwas wie eine Völkerwanderung rund um Deck fünf entsteht. Alle Norweger, die zufällig aus ihrem Fenster schauen und unser Schiff vorbei fahren sehen, fragen sich wahrscheinlich, welche Verrückten denn da Rundlauf spielen. Gut, dass im Trondheimfjord das Ufer weit weg ist.

Immerhin in Rørvik am Abend komme ich dazu, das Gegenschiff zu besuchen. Schon wieder die MS Vesterålen. Mein Abo-Schiff im nebeneinander liegen. Keine Kollegen, die man besuchen kann, deshalb fällt der Besuch entsprechend kurz aus.

MS Nordlys, 02. Juni

Es wird ein langer Tag. Die Sonne lacht vom Himmel. Trotz des fantastischen Wetters kann ich mich nicht aus dem Bett quälen für den Polarkreis, aber um acht Uhr bin ich dann doch draußen um die Landschaft zu genießen. Auch von unserer Gruppe haben sich einige auf dem Deck versammelt. Bodø spare ich mir heute wieder mal, stattdessen bereite ich meinen Vortrag vor und es steht ja auch noch allerhand auf dem Programm an diesem Tag.

Am Abend begleite ich den Lofotenausflug nordgehend. Ja, das gehört zu den Highlights, wenn man Ausflüge begleiten darf. Der Ausflug ist neu und ich bin sehr gespannt, ob er sich vom südgehenden Lofotenausflug unterscheidet. Los geht es in Stamsund. Wetter: top! Vielleicht kann man vom Bus aus ja ein paar Fotos schießen. Immerhin fährt man vorbei an Lofotenlandschaft deluxe. Ok, nach der Busscheibenbesichtigung ist eher klar, dass das mit Fotos aus dem Bus eher suboptimal ist. Es sei denn, man will hübsche Streifen aufs Bild bannen, hinter denen irgendwo die Lofoten sichtbar sind. Ok, also dann eher erst mal nur genießen. Erster Stopp. Die Kirche von Grimsøy, hübsch, weiß, mit Stahlseilen im Boden verankert. Ja, der Wind ist zuweilen kein Freund von Gebäuden und weht sie gelegentlich einfach weg. Vorteilhaft wäre, die Strippen in naher Zukunft zu erneuern, sonst ist der Wind wieder der klare Gewinner.

Gleich an der Kirche: Sandstrand. Und auch wenn man nicht in Versuchung gerät, im kalten Meerwasser ein Bad zu nehmen, ist der Strand doch herrlich romantisch. Vor allem in Kombination mit der schroffen Felsenlandschaft der Lofoten. Weiter geht es nach Storvågen, einem kleinen Fischerdorf, das mittlerweile zum Museum umfunktioniert worden ist. Der einstündige Aufenthalt lässt jedes Fotografenherz höher schlagen. Postkartenkitsch deluxe. Aber genau das will man ja. Im Museum selber schaut man in Rorbuer und bedankt sich imaginär, dass man ein deutlich komfortableres Leben führt als die Lofotfischer und sich an den Hütten jetzt als Fotomotiv ergötzen kann. Die Berge spiegeln sich im glasklaren Wasser, Boote treiben einsam vor dem Ufer. Romantisch.

Pünktlich um zehn sind wir in Svolvær um dort wieder zuzusteigen. Zum Ablegen bleibe ich noch draußen, auch von unserer Gruppe harren einige an Deck aus, das Licht ist einfach zu schön. Spätestens jetzt weiß man, warum es immer heißt, dass die Lofoten mit besonderem Licht gesegnet sind. Und natürlich ist es auch nach zehn Uhr noch taghell. Mitternachtssonne und so. Das innere Zeitgefühl hat sich weitestgehend verabschiedet, genauso wie die Müdigkeit. Schlafen? Ach woher denn, das kann man ja auch noch, wenn es wieder dunkel wird.

MS Nordlys, 03. Juni

Es wird kälter. Für gewöhnlich ist um diese Jahreszeit der Schnee auch in Nordnorwegen verschwunden. Nicht so dieses Jahr. Und auch die Temperaturen bewegen sich nicht wesentlich in den arktischen Sommer. Der Winter hält sich hartnäckig. Die Sonne lacht jedoch auch heute vom Himmel und bereits am Morgen belagern die Gäste mich, was man denn in Tromsø anfangen könne. Bei dem Wetter ist es eine echte Option mit dem Fjellheisen auf den Storsteinen zu fahren, den

Hausberg von Tromsø. Und kaum haben sich zwei entschieden, den Blick vom Aussichtsberg zu genießen, wollen auf einmal alle. Hinlaufen? Nein! Also organisiere ich kurzerhand drei Großraumtaxis, mit denen wir wie in einer Abordnung zur Talstation der Seilbahn fahren. Eine ganze Gondel machen wir voll. Der Blick von oben: traumhaft. Auch ich war seit Oktober nicht mehr oben, weil Tromsø mich netterweise oft mit Einheitsgrau und Regen begrüßt hat. Heute ist die Stadt gnädig. Zwar hängen Wolken tief vom Himmel, aber sie machen den Blick vom Storsteinen noch eindrucksvoller. Von Norden nähert sich allerdings ein Schneetief und das baut sich auch schon gewaltig unweit der Bergstation auf. Gut, dass wir gleich nach Anlegen auf den Berg gefahren sind. Die Schneemassen, die sich hier noch türmen, sind gewaltig. Gut, an manchen Stellen ist alles hübsch zusammengekehrt und bildet meterhohe Schneeschichten, aber auch wo alles noch naturbelassen herumliegt, watet man durch knöchelhohen Schnee. Oder durch Pfützen, denn die Mitternachtssonne hat sich zur Aufgabe gemacht endlich die letzten Reste wegzuschmelzen. Auch der arktische Sommer will irgendwann einmal zum Zug kommen.

Eine Stunde genießen wir die Aussicht, bevor wir die Gondel zurück nehmen. Und die Zeit reicht noch um eine Runde durch die Stadt zu drehen. Vor allem muss ich meine Getränkevorräte neu bestücken, schließlich ist Samstag und durch das Pfingstwochenende sind auch am Montag die Geschäfte zu. Wie es in

Norwegen typisch ist, gilt heute die Regelung, dass Supermärkte am Samstag bis 23 Uhr geöffnet sind, nicht. Alles muss ja auch mal anders sein. Mist. Da ich auf der Tour gerne mal vergesse, welcher Wochentag ist, bin ich ja schon froh, dass ich überhaupt daran gedacht habe, dass heute einkaufen fällig ist. Die großen Supermärkte sind also zu. Gut, dass es eine kleine Jokers-Filiale gibt. Alle Läden, die unter dreihundert Quadratmeter Verkaufsfläche haben, dürfen auch außerhalb der üblichen Zeiten ihren Laden öffnen. Und da der Norweger an sich auch besonders gerne auf den letzten Drücker einkauft, ist der kleine Laden so voll, dass es kaum möglich ist, überhaupt aus irgendeinem Regal Waren zu entnehmen. Nun gut, es ist, wie es ist, also Schlange stehen für eine halbe Stunde. Immerhin kommt man währenddessen ins Gespräch mit anderen Norwegern in der Schlange und hält ein kleines Schwätzchen.

Kaum bin ich auf dem Schiff angekommen, gibt es schon wieder Umbestellungswünsche. Tischtausch, Sonderwünsche fürs Essen und was man sonst noch umbestellen kann. Zuweilen bewundere ich unsere Oberkellnerin, die stets alles gelassen ins System tippt und auch die Küche lässt sich von keinem noch so ausgefallenen Ernährungswunsch aus der Ruhe bringen. Chapeau.

Am Abend passiert dann auch nicht mehr viel, wir sind gespannt auf das Wetter am Nordkapp. Der Wetterbericht ist für den folgenden Tag nicht unbedingt unser Freund. Abwarten.

MS Nordlys, 04. Juni

Nordkapptag. Wetter: mäßig. Schmuddelig ist es draußen. Die Kombination von Temperaturen knapp über null und Nieselregen ist nicht unsere bevorzugte Wetterlage. Aber wir müssen es so hinnehmen. Die meisten von meiner Gruppe fahren zum Nordkappfrühstück an Tag acht und nehmen das Wetter gelassen. Die Hoffnung bleibt, dass dann wieder die Sonne vom Himmel lacht. Immerhin sind die Zweifler, welchen Ausflug zum Nordkapp man denn bucht, beruhigt. Das ist immer wieder ein Gedanke, der bei den Gästen auftaucht, wenn wir im Sommerausflugsprogramm sind. Viele haben ja immer Sorge, dass sie keinen Platz mehr bekommen und wollen möglichst früh buchen. Was, wenn man das Nordkapp nordgehend bucht und dann ist schlechtes Wetter. Oder wenn man das Nordkapp südgehend bucht und dann ist gutes Wetter nordgehend. Ja, so ist das eben. Im Leben gibt es keine Garantien. Auf nahezu jeder Tour versuche ich klar zu machen, dass man dann eben mit schlechterem Wetter leben muss. Wozu haben Outdoor-Jacken eine Kapuze. Ich finde ja immer, das ist eine Sache der Einstellung. Auch ich habe schon Ausflüge im strömenden

Regen begleitet, wo Sonnenschein eindeutig die bessere Wahl gewesen wäre, aber so ist das nun mal in Norwegen.

Die Nordkappausflügler erleben dann heute auch tatsächlich das, was im Sommer oft Programm am Nordrand Europas ist: Nebel. Ich begleite heute die Vogelbeobachtung und wir haben etwas mehr Glück. Zwar lässt sich die Sonne nicht blicken, aber die Sicht ist gut und es regnet nicht.

Im Fischerdorf Gjesvær steigen wir aufs Boot um zum Gjesværstappan zu fahren, der Vogelinsel, auf der sich alles tummelt, was so an Vögeln in diesen Breitengraden lebt. Fünfzehn Minuten dauert die Fahrt dorthin und so ziemlich die ganze arktische Vogelwelt hat sich versammelt und schnattert in allen Vogelsprachen durcheinander. Meine Kenntnisse in kormoranisch, adlerisch, basstölpisch und möwisch sind eher weniger gut ausgeprägt, daher beschränke ich mich aufs gucken. Heute sitzt alles eher gemütlich auf seinem angestammten Platz und schaut skeptisch, was sich denn da für ein Boot nähert. Die Papageientaucher halten allerdings nicht viel vom Sitzen und kreisen aufgeregt um unser Boot. Mit Adlern rechnen wir zunächst eher weniger, da sie meist sehr bedacht darauf sind, ihre Federn nicht mit Regen zu benetzen. Aber heute trauen sie sich dann doch ein paar ordentliche Runden zu fliegen, sehr zur Freude von uns, die wir natürlich alle die Teleobjektive gezückt haben. Auch ich freue mich, dass ich diesmal die Kamera dabei habe, denn das Handy ist unvergesslichen Fotos nicht unbedingt zuträglich. Die chinesischen Gäste lassen sich von so etwas nicht abhalten und filmen die ganze Tour fleißig mit dem Handy. Meine Wahl fiele da eher auf: mit den Augen genießen.

Als wir zurück fahren, fängt es an zu regnen. Perfektes Timing. Zwischenzeitlich sind wir aber ganz schön durchgefroren und freuen uns über den warmen Kakao an Bord.

Am Abend packt uns dann die Barentssee. Bislang wurden wir auf der Tour mit Schaukelstunden verschont, aber der noch anhaltende Winter beschert uns heute dann doch ordentlich Seegang. Tag sechs und sieben sind eben oft Schaukeltage. Die ganze Nacht hindurch wirft die Barentssee unser Schiff hin und her und ich stehe mehrmals auf um Heruntergefallenes wieder ordentlich zu drapieren. Vergebene Liebesmüh.

MS Nordlys, 05. Juni

Schon wieder ist der Wendepunkt da. Und heute habe ich beschlossen Kirkenes sausen zu lassen und endlich mal aufzuarbeiten, was so liegen bleibt während der Tour und nicht zu den spannendsten Reiseleiterbeschäftigungen gehört. Reiseleiterbericht schreiben zum Beispiel. Das Ding müsste sich von selbst machen. Herrlich leer ist es im Schiff, weil die meisten natürlich nach Kirkenes hinein laufen.

Als wir am Mittag ablegen, hoffen alle, dass sich die Barentssee beruhigt hat. Und in der Tat ist sie uns jetzt wohler gesonnen und das Schaukeln hält sich in Grenzen. Zeit also am Nachmittag wieder einmal flugs bei der Festung in Vardø vorbeizuschauen.

Da es ja auf der MS Nordlys in Berlevåg keine Vinkekonkurranse gibt, bin ich so ziemlich die einzige, die am Abend draußen steht, als wir die MS Nordkapp treffen. Ich muss schon deshalb draußen stehen, weil ich wieder mal einer Kollegin winken will. Ja, unsere berühmten 30-Sekunden-Appointments. Und wer heute nicht draußen ist, verpasst wirklich was, auch wenn kein Winke-Enthusiasmus aufkommt. Während wir gefühlt ewig brauchen bis die Klappe unten und ein Auto ausgestiegen ist, schwimmt die MS Nordkapp bereits vor Berlevåg und leuchtet in der Sonne. Dunst liegt über der Barentssee und das Sonnenlicht taucht alles in goldgelb. Zauberhaft und ein echter Highlight-Anblick. Auch auf der Mole haben sich ein paar Schaulustige eingefunden um das Spektakel zu beobachten, wenn wir ganz nah aneinander vorbei fahren. Auf der MS Nordkapp ist es mit winken auch nicht weit her. Eine Handvoll Passagiere hat sich rausbequemt. Immerhin. Kleiner Schiffsdialog per Schiffshorn und wir machen uns weiter auf den Weg nach Süden.

Heute ist wieder ein Schönwettertag, trotzdem bin ich froh, dass ich mich um 5:30 Uhr noch einmal rumdrehen kann, als alle zum Nordkappfrühstück aufbrechen. Dafür nehme ich diejenigen meiner Gruppe, die auch mehr die Langschläfer sind, in Hammerfest mit auf einen kleinen Rundgang, der wie immer mit einer Kauforgie im Eisbärenclub endet. Langsam sollte ich Provision verlangen für die Vermittlung von T-Shirt-Käufen. Oder gleich zusätzliche Koffer bereithalten für die Wagenladungen an Souvenirs, die meine Gruppe diesmal aus dem Eisbärenclub schleppen.

Am Nachmittag ergreife ich gleich die Gelegenheit, endlich mal wieder in Øksfjord draußen zu sein. Die Temperaturen kann man zwar wirklich immer noch nicht frühlingshaft nennen, aber Odin hat wunderschöne Wolken geschickt, die sich an die Berghänge schmiegen. Also Jacke an, Kamera raus. Immerhin zwei von meiner Gruppe finde ich auf Deck fünf und wir wetteifern um die besten Fotomotive. Am Bug sind natürlich wieder mal die besten. Da wir befinden, dass es sooooooo kalt ja doch nicht ist, kämpfen wir uns gegen den Wind vor und fotografieren, was das Zeug hält. Dachten wir vor zwei Minuten nicht, dass es doch so kalt gar nicht ist? Diese Meinung müssen wir jetzt revidieren. Es ist schweinekalt. Der Wind eben. Dass der aber auch keinen Knopf hat, wo man ihn abstellen kann. Nun ja, mit ein paar Fotos in alle Richtungen muss es gut sein, doch wieder zurück unter die Rettungsboote, da ist es ja nahezu windstill. Außerdem brauchen wir noch Körperwärmereserven für die Lyngenalpen am Abend.

Den ganzen Tag fahren wir schon mit einer Stunde Verspätung durch die Landschaft, die wir auch bis zum Abend nicht aufholen. Also ist es hilfreich die Strecke am Abend ein bisschen abzukürzen. Was lässt man also weg? Den einstündigen Umweg durch die Lyngenalpen. Ja, das ist immer besonders schön, wenn man den Gästen erzählt, dass wir eine wunderschöne Passage durchfahren und dann wird das nichts. Reiseleiterschicksal.

Dafür gibt es am Abend noch ein echtes Highlight. Die Wolken haben sich verzogen und die Mitternachtssonne erstrahlt als wir uns Tromsø nähern. Dazu hat sich der Vollmond gesellt, der sich heute von seiner rosa Seite zeigt. Backbord der Mond, steuerbord die Sonne, ja, das gehört zu den echten Glücksmomenten. Schon von weit her sieht man die Eismeerkathedrale auf dem Festland thronen. Da kann auch ich nicht widerstehen noch einmal die Jacke überzuwerfen und einfach nur zu genießen. Ich frage mich nur wieder, wo alle sind. Bin ich allein auf dem Schiff und habe es nur noch nicht gemerkt? Oder stehen schon wieder alle auf Deck drei in froher Erwartung auf die Abfahrt zum Mitternachtskonzert, verbunden mit der Angst, dass man den Bus verpasst, wenn man nicht bereits eine halbe Stunde vor Anlegen am Ausstieg wartet? Nun gut, dann genieße ich eben alleine.

MS Nordlys, 07. Juni

Heute ist mein Glückstag. Ich darf mit auf meinen liebsten Lieblingsausflug: die Seeadlersafari. Da er in der Regel ausverkauft ist, haben wir Reiseleiter nicht oft Gelegenheit mit ins Boot steigen zu können. Letztes Jahr konnte ich erst zum Ende der Saison einen Platz ergattern. Jetzt sind wir am Beginn der Brutzeit und ich habe die vage Hoffnung, dass diesmal mehr als ein Vögelchen auftaucht und vor meiner Kamera posiert. Kaum sind wir ausgebootet kreisen schon die ersten. Scheinbar hat Adler einen Großkindergarten zu versorgen. Gut für uns. Da ich Meister darin bin, dass nach ein paar Bildern der Kamera-Akku schlapp macht, hab ich mich heute vorsorglich mit allem in dreifacher Ausfertigung ausgestattet. Das scheint auch dringend nötig, da sich scheinbar alle Seeadler der Region bei uns am Boot verabredet haben. Zeitweise kreisen zehn Stück über uns. Ein wahrhaftiges Adlermeeting. Dazu noch gefühlte tausend Möwen, die natürlich auch ihren Anteil an Fischköstlichkeiten haben wollen. Gut, dass ich die Speicherkarte vorher nochmal geleert habe, denn im Nu sind fünfhundert neue Bilder drauf. Ok, einen Großteil kann man dann nachher wieder löschen, weil Seeadler die unangenehme Eigenschaft haben im Sturzflug die Wasseroberfläche anzusteuern und blitzschnell mit der Beute zurück in nicht fototaugliche Höhen zu fliegen.

Nach dem ersten Adler-Fotoshooting fahren wir erst mal in den Trollfjord und drehen dort ein paar Runden. Eigentlich sollte jetzt unser Schiff folgen. Ich finde es absolut beeindruckend, wenn man das große Schiff durch die Mündung fahren sieht. Doch heute sehen wir: nichts. Die MS Nordlys scheint sich wieder der Verspätungstaktik angenommen zu haben. Kein Schiff in Sicht. Mist. Als wir aus dem Trollfjord raus sausen, steckt sie dann aber doch ihr Näschen um die Ecke. Geht doch. Wir kommen also doch noch zu unseren „Die-Nordlys-im-Trollfjord" Aufnahmen. Und wieder geht es zurück in den Raftsund. Die Seeadler befinden, dass sie noch nicht genug posiert haben. Weiter geht es mit eifrigem Geflatter vor unseren Kameras und es dauert nicht lange und unsere Speicherkarten sind voll. Zeit um nun die Fahrt nach Svolvær zu genießen. Den Schornstein der Nordlys sehen wir zuweilen zwischen den Felsen hervorblicken.

Bei der Einfahrt in Svolvær sind wir dann doch ein bisschen verwirrt. Ein Hurtigrutenschornstein winkt uns vom Kai entgegen. Moment mal. Unser Schiff war doch eben noch weit hinter uns. Wie kann es jetzt bereits am Kai liegen. Als wir noch überlegen, ob die Nordlys möglicherweise einen zusätzlichen

Turbo-Motor hat, löst sich das Ganze auf. Die MS Fram wohnt heute in Svolvær, bereit um ihre Gäste nach Grönland zu bringen. Das ist auch für mich selten, dass sich außer in Trondheim und Rørvik noch in einem weiteren Hafen zwei Hurtigruten-Schiffe aneinander schmusen. Entgegen meiner Hoffnung wird es allerdings nichts mit einem Besuch, denn als wir in Svolvæar von unserem Ausflugsboot steigen, legt die Fram auch schon ab. Schade. Allerdings schwimmt sie dann ewig im Hafenbecken und wir platzieren uns auf eine Bank direkt neben dem Kai, auf unser Schiff wartend. Welch ein Spektakel. Während die Fram brav wartet, fährt die Nordlys in den Hafen ein, begleitet von einer Schiffsunterhaltung der Extraklasse. Die beiden scheinen sich viel zu sagen zu haben, denn die Schiffshörner gehen unaufhörlich. In Svolvær weiß dann jetzt auch jeder Bescheid, dass die Hurtigrute da ist. So ist das bei Schiffsdialogen.

Nach den obligatorischen zwei Stunden laufen dann auch wir wieder aus gen Süden, aber mit deutlich weniger Tamtam.

MS Nordlys, 08. Juni

Heute scheint ein ruhiger Tag zu werden. Wie immer gegen Ende der Reise sind die Gäste ausflugsmüde und die meisten liegen einfach im Liegestuhl. Aber an der Helgelandküste gibt es ja bekanntlich auch genug vom Schiff aus zu sehen. In

Brønnøysund haben wir wieder mal ein Kauforgiending. Immer wieder kommen die Gäste am Ende der Tour mit den ausgefallensten Einkaufswünschen nach dem Motto: am Nordkapp hab ich das tollste Souvenir der Welt gesehen, aber das kann ich ja noch später kaufen, das gibt es ja sicher überall. Nein, gibt es nicht. Da habe ich schon echte Dramen erlebt. Im Allgemeinen ist die Strecke südgehend nicht so souvenirkauffreundlich und was man nordgehend sieht, sollte man am besten gleich mitnehmen. Heute ist das mit dem Einkaufen mal einfach. Denn alle wollen Elchsalami und Moltebeerenmarmelade. Nach so vielen Reisen kenne ich so ziemlich jeden Supermarkt an der Strecke und weiß, was es wo gibt, und was nicht. Also die Elchsalami soll es sein. Wir stürmen mit unserer Gruppe also geschlossen den Supermarkt in Brønnøysund und wo eben noch das ganze Regal voll mit den schmackhaften Würsten lag, ist, nachdem wir uns eingedeckt haben, nicht mehr viel übrig. Hat was von einem Heuschreckenschwarm, der keinen Grashalm mehr übrig lässt, wenn er weiterzieht. Die Kassiererin ist auch leicht irritiert als wir die gut fünfzig Salamis und dutzende von Gläsern mit Moltebeerenmarmelade auf das Band stellen. Den Tagesumsatz haben wir dort gerettet.

Am Abend liegt in Rørvik die Trollfjord neben uns. Rübergehen? Natürlich. Und heute Abend passiert wieder etwas, was so typisch für mich ist. Ich bin ja sehr aktiv auf den sozialen Netzwerken und immer findet sich jemand, der entweder auf meinem Schiff mitfährt oder der auf dem Schiff ist, das in Trondheim oder Rørvik neben uns liegt. Ich finde solche Begegnungen immer spannend, man trifft fremde Menschen, die einem doch in gewisser Weise vertraut sind. Schon vor zwei Tagen schrieb mir ein lieber Kontakt, dass er nun endlich wieder auf die Hurtigrute geht. Fleißig schickte er Bilder vom Anfang der Tour und wir bedauerten bereits, dass wir uns wieder mal verpassen. So weit, so gut. Manchmal ist es ganz hilfreich, wenn man Nachrichten und Strecke denktechnisch in Einklang bringt. Ich marschiere also rüber zur Trollfjord, klappere die Decks ab. Keiner da, den ich kenne, nun gut, das ist manchmal so. Also beschließe ich nach der kleinen Schiffrundtour wieder zurück auf die Nordlys zu gehen und schaue beim Ablegen in Rørvik zu. Ja und immer wenn man denkt, das war es dann für heute, kommen wieder die Nachrichten ins Spiel. Auf einmal dämmert es mir. „Sag mal, auf welchem Schiff bist Du?" schreibe ich dem Kontakt in einem Anfall von Man-könnte-ja-mal-Fragen-Taktik. Die Antwort hätte ich mir schon durch besagtes Denken selbst geben können. „Auf der Trollfjord" blinkt es aus meinem Handy. Da verpassen wir uns schon mehrere Male in Oslo und jetzt liegen wir mit unseren Schiffen nebeneinander und realisieren es nicht? Typisch ich. Nun ja, ich hoffe auf eine weitere Gelegenheit.

MS Nordlys, 09. Juni

Zurück in Trondheim. In die Stadt gehen heute? Nein. Wie fast auf jeder Tour habe ich keinen Elan am frühen Morgen Richtung Nidarosdom zu laufen. Selbst den Besuch auf der neben uns liegenden Kong Harald spare ich mir heute.

Dafür nutze ich in Kristiansund die Gelegenheit mir die Beine zu vertreten und marschiere mit den Gästen wieder mal zur Klippfisch-Frau. Ja, eine halbe Stunde ist wirklich nicht lang. Natürlich schafft man es, aber mit großen Foto-Orgien ist die Liegezeit nicht vereinbar. Jedes Mal denke ich, dass es schade ist, dass in Kristiansund kein längerer Aufenthalt drin ist, zumindest nicht zu einer vernünftigen Tageszeit, Pech. Dafür gehe ich später in Molde noch einmal raus. Norwegen ist ja im Allgemeinen etwas später dran mit der Blumenblütenpracht und jetzt sind die Rhododendronsträucher auf ihrem Höhepunkt. Einfach fantastisch.

MS Nordlys, 10. Juni

Es ist wieder so weit. Der Ausstieg naht. Am letzten Tag entsteht wieder so etwas wie Wartesaal Atmosphäre und auch wir Reiseleiter brechen unsere Zelte ab. Weg mit dem Aushang, irgendwo das Gepäck abstellen, warten auf die Ankunft in Bergen. Ich bin gespannt, wie sich dieses Mal das Koffer abgeben am Flughafen gestaltet. Da haben wir ja schon allerhand erlebt. Da meine Gruppe extrem klein ist dieses Mal, entscheide ich mich gleich, auf das Automatenausdruckchaos zu verzichten und schicke alle gleich zum Anstellen am Schalter. Zu gerne finden die Automaten die Buchung nicht oder haben kein Druckpapier mehr. Und anstellen muss man sich danach sowieso noch einmal. Also kürze ich das Ganze ab. Und oh Wunder, kein Gemecker des Airline-Mitarbeiters, der am Schalter sitzt. Es geschehen noch Zeichen und Wunder. Allerdings sind wir heute in dieser Hinsicht auch ziemlich entspannt, da der Flieger bereits jetzt mit einer Stunde Verspätung angezeigt ist. Und dann kommt er auch schon, der Abschiedsschmerz. Ja, man ist eben wieder innerhalb von vierzehn Tagen sehr zusammen gewachsen. Aber jede Tour geht einmal zu Ende.

Wenn der Sommer kommt oder:

Hochsaison mit Hochzeit

Oslo, 12. Juni

Ein Tag Pause muss reichen um die nächste Reise in Angriff zu nehmen. Als ich mit meinem Kollegen am Flughafen auf die Gäste warte, weiß ich noch nicht, dass heute wieder mal eine der Airlines mein besonderer Liebling sein wird. Der große Schwung kommt wie üblich mit KLM, alles planmäßig. Vier Gäste stehen noch aus, jeweils zwei in einem Flieger. Oslo rühmt sich im Moment nicht mit zügiger Gepäckausgabe, aber ich habe die Hoffnung, dass es EINMAL ruckizucki geht. Nun ja, beim vorletzten Flieger ist es noch nicht dramatisch, wenn sich das Gepäck ein wenig verzögert, aber wir Reiseleiter haben natürlich immer eine große Gruppe im Rücken, die völlig übermüdet nach dem Stadtrundfahrtbus lechzt. Bei „aufstehen mitten in der Nacht" ist eben „ewig warten in Oslo" kein bevorzugtes Szenario. Die Anzeigetafel erfreut uns dann auch mit der Nachricht, dass der letzter Gästeflieger dreißig Minuten Verspätung hat. Och neeeee. Verlängerte Wartezeiten den anderen Gästen schmackhaft zu machen, gehört eher zu den weniger angenehmen Situationen. Während sich mein Kollege mit dem ersten Schwung bereits aufmacht, in die Stadt zu starten, beäuge ich die Anzeigentafel, auf der die Ankunftszeit des besagten Fliegers in regelmäßigen Abständen weiter nach hinten rutscht. Prima. Ich frage mich ja, warum immer der letzte Flieger zu Verspätung neigt und der erste stets pünktlich einschwebt. Auf die hübsche kleine Kettenreaktion, die dadurch ausgelöst wird, kann ich getrost verzichten.

Mit einer Stunde hinter Flugplan küsst das Fahrwerk endlich die Landebahn und natürlich: auch die Koffer dauern bei diesem Flug am längsten. Ein Kreuz. Klar, dass wir deshalb auch mit mehr als einer Stunde Verspätung den Guide aufpicken, der den Gästen Oslo zeigt. Aber auch da hab ich heute in die Das-geht-auch-besser-Kiste gegriffen. Bis zum ersten Fotostopp haben wir dann so ziemlich alles über die gesamt-norwegische Geschichte gehört, so dass die Jahreszahlen einem bereits aus den Ohren laufen. Wissen ist ja schön und gut, aber ich frage mich dann doch, ob man dieses Wissen, mit dem man mühelos eine Enzyklopädie in fünfzehn Bänden füllen könnte, unbedingt in drei Stunden in Gänze an den Mann bringen muss.

Wir fahren also kreuz und quer durch die Hauptstadt und bald ist sie wieder da: die besagte Kettenreaktion. Uns erwischt die Rushhour vollumfänglich und wir sind noch nicht auf der Museumshalbinsel Bygdøy zu einem Zeitpunkt, wo wir bereits Prosecco schlürfend beim Begrüßungscocktail im Hotel weilen sollten. Als der Guide androht, auch noch im Fram-Museum eine historische Abhandlung über alle je stattgefundenen Polarexpeditionen zum Besten zu geben, greife ich dann doch mal ein. Auch auf die Gefahr hin, dass er daraufhin nie mehr mein Freund sein wird, mache ich ihm unmissverständlich klar, dass es darum geht, das Expeditionsschiff Fram zu besichtigen und nicht eine Doktorarbeit über Polarexpeditionen zu schreiben. Beirren lässt er sich davon nicht. Immerhin kann er sich dazu durchringen, nicht die vollen zwanzig Minuten Besichtigungszeit durchzureden. Ein echter Fortschritt.

Auch auf dem Weg zum Hotel können wir ausgiebig der Staufreude frönen, heute hat sich irgendwie alles gegen uns verschworen. Und Hunger und müde sind dem Stimmungsbarometer auch nicht gerade zuträglich. Vor allem, wenn im selben Raum, in dem unser Begrüßungscocktail stattfindet, parallel das Abendbuffet aufgefahren wird, das seinen betörenden Duft in unsere Richtung verströmt. Wir Glückskinder. Wir halten das ganze also möglichst kurz, weil wir befürchten, sonst eine Revolte zu provozieren. Also geben wir alle Gäste schnell frei zur Nahrungsjagd.

Bergenbahn, 13. Juni

Fünf Uhr. Klingelingeling. Für dieses frühe Aufstehen am zweiten Tag bin ich einfach nicht geboren. Aber es hilft nichts. Auf Wiedersehen in Bergen.

Die Fahrt mit der Bergenbahn lässt jetzt wirklich auf Sommer hoffen. Der Schnee hat sich weitestgehend verzogen und auch die Seen sind nur noch mit einer zarten Eisschicht überdeckt. Ich bin jedes Mal fasziniert, wie schön die Landschaft ist und immer wieder nach vierzehn Tagen ein neues Gesicht zeigt. Mit dem Hardangerjøkull scheine ich allerdings auf Kriegsfuß zu leben. Der Gletscher verbirgt sich auch heute konsequent in den Wolken.

Obwohl es ja im Zug eigentlich genug Toiletten gibt, haben wir diesmal Toilettenfest in der Bahnhofshalle in Bergen. Alle müssen. Irgendwie erinnert mich das an das Kettenreaktion-Verzögerungsding von gestern. Nun ja, wir kommen dann doch einigermaßen pünktlich los um zur Stadtrundfahrt aufzubrechen.

Bei der Einschiffung läuft alles prima und wir sind zügig auf der MS Polarlys. Aber man merkt gleich, dass die Hochsaison begonnen hat. Das Schiff ist voll und demzufolge wuselt es mehr als sonst überall durcheinander. Die meisten strömen gleich zum Restaurant, weil der Magen am Boden hängt. Schlange stehen ist also Programm. Ja, so ist das am ersten Abend in der Hauptsaison, zu viel hungrige Mäuler auf einen Haufen. Ich nutze die Gelegenheit um schnell zum Supermarkt zu sprinten. Wir sind wieder im Sommerfahrplan, also ist das Schiff um 20 Uhr weg und ich möchte nicht vom Ufer winken müssen. Das mit dem „an Deck beim Ablegen" schenke ich mir dann heute, denn auch mein Magen möchte gelegentlich erfahren, wie es ist, mit Nahrung angefüllt zu sein. Die Gäste genießen das Auslaufen in Bergen auf den Außendecks.

MS Polarlys, 14. Juni

Weiter geht es im Sommerfahrplan. Das bedeutet: wir fahren in den Geirangerfjord. Ich finde zwar immer schade, dass Ålesund in dieser Zeit zu kurz kommt, aber das muss man eben für die Fjordglückseligkeit hinnehmen. Obwohl ich an Tag zwei auf schlechtes Wetter abonniert bin, lacht heute die Sonne vom Himmel. Das freut mich immer für die Gäste, denn der Geirangerfjord ist ja so etwas wie ein Highlight der Tour. Nach dem kurzen Stopp am Morgen in Ålesund segeln wir Richtung Storfjord. Auch jetzt halten sich schon viele draußen auf. Logo, denn da winkt ja auch atemberaubende Natur. Viele von unserer Gruppe haben den Geirangerausflug gebucht, wenn man schon mal hier ist, will man ja auch den Trollstigen, die Gud-

113

brandsjuvet und das zauberhafte Valldal sehen. Für manche ist der Ausflug zunächst ein Angang, denn die ersten zwei Tage sind bei unseren Gruppenreisen extrem anstrengend, weil einen schon hier die Eindrücke überfluten. Manche scheuen dann, gleich am nächsten Tag schon wieder zu einem achtstündigen Ausflug zu starten. Trotzdem empfehle ich den Ausflug immer, weil er einfach so viel Schönes der Provinz Møre og Romsdal zeigt.

Mein Kollege und ich bleiben jedoch heute an Bord. Wenn das Schiff leer ist, ist das für uns immer eine gute Gelegenheit Organisatorisches zu klären. Natürlich sind wir trotzdem draußen, als wir in den Geirangerfjord fahren. Ab zwölf Uhr gibt es immer wieder Durchsagen auf dem Schiff, denn auch hier gibt es am Ufer einiges zu entdecken. Die zahlreichen Höfe und Wasserfälle und natürlich den Fjord in seiner Gesamtheit. Wie immer drängelt sich alles am Bug, aber von Sommertemperaturen kann man immer noch nicht sprechen. Die Sonne kann nicht darüber hinwegtäuschen, dass man eine warme Jacke immer noch gut gebrauchen kann. Aber was macht das schon bei solch einer Natur.

Am Abend in Molde ist mal wieder Blaskapellenzeit. Dort ist heute musikalischer Großkampftag, schließlich ist vor uns ja schon das südgehende Schiff eingelaufen. Alle versammeln sich an Deck um der Musik zu lauschen. Im Allgemeinen habe ich ja für Blaskapellen nicht viel übrig, aber ich muss zugeben, dass ich in diesem Fall meine Abneigung aussetze. Es wird so lange gespielt, bis die Ausflügler in Molde eintreffen, alle noch volltrunken von der atemberaubenden Landschaft und da ist so etwas doch wie ein krönender Abschluss. Der Brücke gelingt es kaum, alle wieder ins Schiff zu treiben. Ein Befehls-Tuten des Schiffshorns zeigt dann aber nach einigen Versuchen Wirkung. Geht doch.

MS Polarlys, 15. Juni

Der Sommer ist da. Also der norwegische. Angesichts von 24 Grad wird sich jeder Karibik-Urlauber über solche Temperaturen amüsieren, aber ich bin ja ein Hitzeknubbel. Erstmal raus zu den Bussen und die Gäste in selbige verstauen. Die MS Nordnorge liegt neben uns. Mein erstes Schiff, mit dem ich mein Reiseleiterleben begonnen habe. Ja, da habe ich eine gewisse emotionale Beziehung zu. Und wo sie heute schon neben uns am Kai schmust, will ich natürlich rüber und Kollegen besuchen. Wir verbinden das dann auch gleich mit einer weiteren Annehmlichkeit. Auch heute Morgen knubbelte es sich auf unserem Schiff vor dem Restaurant, weil so ziemlich alle gleichzeitig zum Frühstück strömten. Da lässt sich doch ein Kollegenbesuch herrlich mit einem Frühstück auf der Nordnorge verbinden. Kleine Reiseleiterauszeit und Austausch des neuesten Schiffstratsches. Wir springen dann auch erst kurz vor Auslaufen vom Schiff. Bleiben zwei Stunden um noch schnell nach Trondheim rein zu laufen. Jacke an und los. Ok, nach zehn Minuten verlange ich nach dem Kleidersklaven, der mir die Kleidungsstücke hinterherträgt, die ich nach und nach von mir werfe. Schwitzen deluxe. In über zwanzig Grad ist mein Kollege mit seinem dicksten Dale-Pullover unterwegs, was mich schon beim Anblick in Schweiß ausbrechen lässt. Eigentlich wollen wir heute den Nidelva ein gutes Stück entlang laufen, aber als wir am Beginn des Stadtzentrums ankommen, bin ich schon durch damit. Nein, ich möchte nicht mit tellergroßen Schweißflecken zum Schiff zurückkehren. An der alten Stadtbrücke streike ich und geselle mich zu den Gästen, die dort überall herum laufen und den Blick in den Kanalhafen genießen. Mit den Gästen im Stehen quatschen gefällt mir eindeutig besser als ein gefühlter Trondheim-Marathon.

Am Abend in Rørvik liegt die MS Trollfjord neben uns. Auf unserem Reiseleiteraushang haben wir angeboten, gemeinsam zu Miss südgehend rüber zu gehen. Immer wieder bin ich erstaunt, dass sich Gäste nicht trauen, aufs nebenan liegende Schiff zu marschieren. Also haben wir uns kurzerhand überlegt, eine kuschelige Gruppenveranstaltung draus zu machen. Mist, dass wir Reiseleiter die Tischzeit um 20 Uhr erwischt haben. Am Tag zuvor haben wir getestet, ob wir den Hauptgang vor Anlegen in Rørvik noch schnell runterschlucken können. Passt. Und heute? Passt es natürlich nicht. Die Vorspeise dauert ewig. 20.30 Uhr. Wir sehen schon, dass wir uns unaufhaltsam Rørvik nähern. Nur das Hauptgericht nähert sich nicht. Als Nicht-Fischesser habe ich auch noch ein Sondergericht heute, das sich besonders Zeit lässt. 20:40 Uhr. Mein Steak nähert sich mir zeitgleich mit der Durchsage, dass wir nun in Rørvik anlegen. So schnell habe ich noch nie ein Stück Fleisch verschlungen. Jedem Löwen mache ich an diesem Abend Konkurrenz. Dessert? Der Service darf jemand anderen mit unseren Nachtischrationen beglücken und wir stürmen runter auf Deck drei, wo schon der Großteil unserer Gruppe wartet um die MS Trollfjord zu besuchen. Ich sehne mich nach einem Verdauungsschnaps. Und nachdem wir alle Decks auf dem Nebenschiff besichtigt haben, sind wir auch gleich schon wieder unterwegs nach Norden.

MS Polarlys, 16. Juni

Also in Norwegen tummeln sich ja so einige Gletscher. Der zweitgrößte ist der Svartisen. Heute begleite ich den Ausflug dorthin. Vor Ørnes werden wir ausgebootet und ich bin gespannt, wieviel Eis sich denn da so den Berg hinab wälzt. Die meisten Gletscher sind ja eher von der Sorte rückläufig, da die Erderwärmung ihnen allgemein nicht zuträglich ist.

Nun ja, zunächst mal legen wir ein paar Kilometer mit dem Boot zurück um zum Svartisen zu gelangen. Die Küste ist hier einfach zauberhaft und die ganze Gegend um Ørnes herum gehört sowieso zu meinen liebsten Küstenabschnitten. Ich liebe die lauschigen Inseln, vor denen die kleinen Boote schlafen. Eine gute dreiviertel Stunde sausen wir mit dem Boot Richtung Gletscher. Und siehe da, auf einmal zeigt er sich. Zuerst noch zaghaft hinter der Felskuppe, dann in voller gletscherblauer Pracht. Ok, ich gebe zu, wer in Grönland oder auf Spitsbergen war, wird beim Anblick nur müde lächeln, ob der vergleichsweise lächerlich mickrigen Eismenge. Aber wenn man sich unvoreingenommen an den Svartisen heran arbeitet, erzeugt er schon eine gewisse Ehrfurcht. Jedenfalls finden das bei uns im Boot so ziemlich alle. Die Sonne hat sich netterweise zu uns bequemt und bringt das blaue Eis auf der Gletscherzunge zum Strahlen.

Mucksmäuschenstill ist es auf einmal. Ja, in so einem Moment ist man eben doch naturandächtig. Nun aber erst einmal mit dem Boot anlegen und näher ran. Schließlich will man das Eis in vollem Umfang genießen. Ein drei Kilometer langer Wanderweg führt bis an den Gletschersee. Auch hier muss man pausenlos links und rechts gucken, weil man einfach in Verzückung gerät, so schön ist die Landschaft. Und auch, dass ich mich geographisch nördlich des Polarkreises aufhalte, ist temperaturmäßig heute eher nicht spürbar. Quasi alle zehn Meter muss man ein Kleidungsstück abwerfen. Warm ist es. Am See angekommen habe ich mich dann des Zwiebellooks komplett entledigt und wäre wieder mal für einen Kleidersklaven zu haben, der mir den ganzen Kram abnimmt. Inzwischen hat die Sonne die Wolken ins nirgendwo geschickt und sie scheint, 24 Stunden im Moment. Als geologischer Dummie finde ich ja faszinierend, dass die Sonne den Gletscher nicht einfach in ein paar Stunden weg schmelzt. Aber bei 200m Eisdicke haben sich die Eismoleküle wohl so miteinander verbandelt, dass sie der Sonne trotzen, zumindest der Großteil.

Am See angekommen, strahlt es Türkis. Das Gletscherwasser, das den See gebildet hat, spielt hier wirklich optisches Farbenfeuerwerk. Deshalb: hinsetzen, herumgucken, genießen. Eigentlich könnte man hier stundenlang sitzen bleiben. Ja und da ist es wieder: das Bewusstsein, dass Norwegen in punkto Natur bei der Schöpfung der Welt ziemlich gut abgeschnitten hat. Um den See optisch zu überbrücken ist das Fernglas hier Gold wert – oder das Tele-Objektiv. Das lässt einen so richtig in die Struktur des Eises blicken. Das mit den zweihundert Metern Dicke finde ich jetzt noch faszinierender, stellenweise türmt sich das Eis auch auf achthundert Meter auf. Die Gesamtmenge, die da so den Hang hinab fließt, mag ich mir gar nicht vorstellen. Aber sie ist auch nicht wichtig um diese Naturgewalt eindrucksvoll zu finden. Das Eis, von dem der Svartisen seinen Namen hat aber, nämlich die tiefblaue Farbe der inneren Eisschichten, hält der Gletscher allerdings geheim. Nach der ausgiebigen Pause am Gletschersee geht es zurück. Eigentlich könnte man sich jetzt bereits zufrieden zurücklehnen und von der gewaltigen Natur zehren, aber die Rückfahrt hält noch ein zusätzliches Bonbon bereit.

Möwen scharen sich heute in rauen Mengen um unser Boot. Die Vögelchen an sich sind ja noch kein so außergewöhnliches Ereignis, denn sie fliegen ja bekanntlich in Scharen überall in Norwegen herum. Heute jedoch locken sie mit ihrem Geschrei den König der Lüfte herbei. Familie Seeadler befindet sich im Moment bei der Brutpflege und Klein-Adler braucht etwas Leckeres in den Schnabel. Und wo Möwen sind, ist Nahrung nicht weit. Zeit für Familie Adler nachzuschauen, ob der ein oder andere Fisch drin ist. Und so kreisen sie denn auch galant über uns, um nach Seeleckereien Ausschau zu halten.

Die Taktik „kreisen, Sturzflug, Fisch angeln, verschwinden" ist nicht gerade das, was man sich wünscht, um sie fotografisch zu erwischen, aber Fotoshootings stehen eben nicht auf Adlers To-do-Liste. Trotzdem flattern sie uns freundlicherweise ein paarmal eindrucksvoll vor die Linse. Die restliche Zeit genießen wir mit den Augen diese unglaublich schönen stolzen Vögel. Bleibt auch vielmehr im Herzen!

Nach der überaus eindrucksvollen Flugshow geht es dann aber im Sauseschritt zurück, wir sind randvoll gefüllt mit Natur der Extraklasse. In Bodø klettern wir genauso aufs Schiff zurück wie wir heute Morgen ausgestiegen sind - über die Seitenklappe. Vielmehr braucht es fürs Glücklichsein an diesem Tag nicht.

MS Polarlys, 17. Juni

Und wieder haben wir das Tor zur Arktis erreicht. Zeit für mich wieder einen Ausflug zu begleiten. Zumal mit „Herumlaufen in Tromsø" heute nur begrenzte Möglichkeiten vorhanden sind, denn es findet ein Marathon statt, der die gesamte Innenstadt in Beschlag nimmt. Straßensperren sorgen dafür, dass man zum hauptberuflichen Umwegläufer wird. Also fahre ich lieber mit zu den Huskys, zumal ich den Ausflug bislang noch nie begleitet habe.

Wir fahren also raus aus der Stadt zum Villmarkssenter, wo die Hündchen wohnen. Gerade sind Welpen da und welches Herz lässt sich nicht von Hundekulleraugen erweichen. Mehr als dreihundert Hunde tummeln sich auf dem Gelände, ein einziges Gebelle und Schwanzgewedele. Natürlich dürfen wir zu den drei Monate alten Welpen, die ein eigenes Gehege haben. Es wuselt wild durcheinander und man schafft kaum ins Gehege zu huschen, ohne dass ein paar von den Kerlchen ausbüxen. Drinnen wird man gleich zum Dauerstreicheln verpflichtet. Nebenbei erfahren wir viel Interessantes zur Huskyzucht und wie so ein Hundeschlitten funktioniert. Der Berufshusky beschäftigt sich ja nun mal hauptsächlich mit Schlitten ziehen.

Auch zu den ganz kleinen Welpen dürfen wir. Gerade mal zwei bis sechs Wochen sind sie alt und genießen noch die Faulenzerkinderstube bis auch sie mit dem Schlittenziehjob beginnen. Zum knuddeln und man möchte am liebsten sofort einen adoptieren. Angesichts meiner bescheidenen sportlichen Konstitution, würde mich jeder Husky allerdings fitnesstechnisch überfordern.

Auf dem Weg zurück hält uns dann noch einmal der Stadtmarathon in Atem. Kein Durchkommen. Und die Zeit tickt fürs Ablegen. Alle zwei Meter muss unser Busfahrer die Scheibe runterkurbeln und wieder mal den Ordnungskräften erklären, dass wir zum Hurtigrutenkai müssen. Gefühlte hundert Mal wird für uns die Straßensperre weggeräumt, nur an der letzten führen wir dann eine hübsche kleine Diskussion, dass wir nicht eine halbe Stunde auf die Beseitigung der Sperre warten können. Die Uhr zeigt bereits 18:15 Uhr. Um das Ganze abzukürzen steigen wir kurzerhand alle aus und gehen zu Fuß, denn zum Hurtigrutenkai sind es nur fünfhundert Meter. Diskussion beendet, alle an Bord, weiter Kurs Nord.

Wir sind schon wieder ganz oben in Europa. Nach langer Zeit fahre ich heute einmal nicht mit zum Nordkapp. Nicht, dass ich dort nicht ausgesprochen gerne bin, aber heute will ich mal wieder Honningsvåg erkunden. Zu diesem Zeitpunkt ahne ich noch nicht, dass man sich dort heute die Füße platt tritt. Ja, wir haben Hochsaison. Und damit ist die Zeit der Kreuzfahrtschiffe zurück. Gleich zwei haben sich heute mit uns an den Nordrand Europas bequemt. Zusammen siebentausend Passagiere. Oh mein Gott. Während der holländische Kreuzfahrtriese weit draußen liegt und im Dauermodus zwischen Schiff und Kai hin und her tendert, spuckt das andere Kreuzfahrtschiff unaufhörlich Passagiere auf die Pier. Da mein Kollege den Ausflug zur Vogelbeobachtung begleitet, mache ich mich mit einem Teil unserer Gruppe auf zu einem Rundgang durch Honningsvåg. Da sich das Städtchen ja an die umliegenden Hänge schmiegt, hat man schnell von den höher liegenden Straßen aus einen herrlichen Blick über die Bucht. Unser Schiff wirkt gegen die Kreuzfahrtschiffe fast wie ein Beiboot. Wir beschließen einstimmig, dass wir um keinen Preis unser Schiff mit den Kreuzfahrtschiffen tauschen möchten. Das wird mir wieder einmal mehr klar, als ich nach unserem Rundgang noch einmal im örtlichen Souvenirshop vorbei schaue. Für gewöhnlich habe ich dazu keine Gelegenheit, da ich meist mit auf einem der Ausflüge bin. Nach zwei Minuten beschließe ich jedoch, dass der

Souvenirshop doch nicht so wichtig ist und ich freies Luftholen draußen eindeutig bevorzuge. Von Touristen erdrückt in einem Souvenirshop will ich dann doch nicht enden.

Gegenüber entdecke ich einen kleinen Sami-Shop, den ich noch nie gesehen habe und der wohl nur in den Sommermonaten seine Pforten öffnet. In dem winzigen Raum stapeln sich Rentierfelle, Taschen und Samikappen und allerhand anderes Samikunstwerk. Die Sachen sind wirklich hübsch, aber da auch hier das Lädchen aus allen Nähten vor Touristen platzt, erkläre ich die heutige Shopping-Tour für beendet.

Am Nachmittag begleite ich den Ausflug zu den Sami. Dabei geht es zu einer einheimischen Familie, wo man Platz nimmt im traditionellen Lavuu, dem Zelt der Nomadenvolks. Hier erfahren wir nun einiges über die Tradition der Sami, ihre Lebensweise, ihre Sprache und ein Rentiersüppchen gibt es auch noch. Ich muss sagen, dass ich diesen Ausflug sehr mag, weil er sehr authentisch daher kommt. Diesmal versuche ich mich auch am Lasso werfen. Rentiere einfangen und so. Natürlich nur an einem Holzmodel, schließlich will ich ja kein Rentier aus Versehen töten. Und siehe da: ich habe ein gewisses Talent das Geweih zu treffen. Blöd nur, dass Rentiere für gewöhnlich die Angewohnheit haben wegzulaufen, wenn man sie einfangen will. Ob ich also zum Lassowerfer auch noch tauge, wenn

es darum geht, ein Lebendes zu erwischen, wage ich zu bezweifeln.

MS Polarlys, 19. Juni

Wieder mal Wendetag. Eigentlich wollte ich mich heute darauf
beschränken, nur schnell zum Supermarkt zu sprinten um mich
mit neuen Getränken einzudecken. Auf dem Weg dorthin treffe
ich ein paar Gäste aus meiner Gruppe und ich lasse mich über-
reden, auf einen Sprung mit in die Stadt zu gehen. Nun ja, es ist
eben Kirkenes. Auch nach so vielen Besuchen kann man sich
die Stadt einfach nicht schön reden. Auch die Gäste verfallen
meist nicht in Begeisterungstaumel. Aber die Beine vertreten
kann man sich ja mal. In der Innenstadt laufen wir etwas ziellos
umher und amüsieren uns über das leicht russische Flair, als
uns die Filiale einer großen Second-Hand-Kette ins Auge
springt. Wollen wir reingehen? Ja wir wollen. Im Nu finden
wir uns wieder zwischen russisch angehauchter Flohmarktware
der Marke schrecklich und fragen uns, wer denn all die Ge-
schmacklosigkeiten kauft. Auch die Gäste sinnieren über Fon-
dueteller, die zuletzt 1960 modern waren, und herrlich kitschi-
ge Glaskristallschalen, die wirklich jeder in seinem Wohnzim-
merschrank braucht. Nein bitte, keiner von uns möchte dieses
alte Geraffel in seiner Wohnung haben. Bevor es uns allzu sehr
schüttelt, inspizieren wir die Klamottenabteilung. Auch hier ist

es nicht besser, von schäbig chic bis indiskutabel ist hier wirklich alles zu haben. Ok, alle zweihundert Kleidungsstücke findet sich etwas, was noch so gerade durchgeht. Als wir uns fertig amüsiert haben, schauen wir uns im Nebenladen noch eine Sammlung schauererregender Bastelutensilien an, die uns zeitweilig auch die Lachtränen in die Augen treiben. Ja, Kirkenes kann auch unterhaltsam sein. Für heute haben wir dann aber genug von der Intensivbespaßung mit Geschmacklosem und flüchten uns zurück aufs Schiff.

MS Polarlys, 20. Juni

Juhu, zum ersten Mal halte ich den neuen 200-Kronen-Schein in der Hand. Norwegen hat ja neue Geldscheine ausgegeben und seit ein paar Tagen sind sie nun im Umlauf. Eigentlich eigenartig für ein Land, in dem das Bargeld quasi abgeschafft ist. Aber nun ja. Auf jeden Fall sind sie gut gelungen. Der Nationalfisch Dorsch lächelt mich vom Scheinchen an. Kaum in der Hand, ist er aber auch schon wieder weg, ausgegeben im Souvenir-Irgendwo.

Auch hier in Hammerfest gehen wir heute mit unseren Gästen, die keinen Ausflug gebucht haben, durch die Stadt. Hammerfest ist ja ziemlich überschaubar, aber ich mag die Stadt irgendwie. Natürlich muss auch das obligatorische Vorbeischauen im Eisbärenclub sein. Mittlerweile kenne ich da auch schon so ziemlich jeden hinter der Theke und man kann mal wieder einen Plausch auf Deutsch genießen. Hier ist irgendwie alles in Germanenhand.

In Øksfjord will ich heute den Gletscher sehen. Das Wetter passt und wir genießen am Bug die Landschaft. Nur den Gletscher sehen wir nicht. Meistens habe ich vor Øksfjord keine Gelegenheit mich draußen aufzuhalten, weil da meistens ein Vortrag von uns stattfindet, aber diesmal haben wir unser Vortragsprogramm schon an den Tagen zuvor durchgezogen. Wenn ich doch jetzt auch noch den Gletscher sehen könnte. Die Bordreiseleitung sagt ihn auch brav durch, aber entweder bin ich blind oder der Gletscher hat beschlossen sich hinter irgendeine Bergkuppe zu verkriechen. Beim besten Willen kann ich ihn nicht erspähen. Nun ja, vielleicht entdecke ich ihn bei der nächsten Tour.

MS Polarlys, 21.Juni

Zurück auf den Lofoten. Und schon wieder darf ich mit zur Seeadlersafari. Dass sie nicht ausgebucht ist, ist zu dieser Jahreszeit äußerst ungewöhnlich. Glück für mich. Allerdings ist mein Schlecht-Wetter-Abo an Tag neun wieder da. Es ist zum Haare raufen. Pünktlich in Harstad raffen sich auf jeder Tour alle Wolken Norwegens zusammen und beschließen, sich über dem Raftsund zu versammeln. Wir trösten uns damit, dass es immerhin nicht regnet. Gott sei Dank, denn bei Regen pflegt der Seeadler im Allgemeinen nicht durch die Gegend zu fliegen, sondern in einem Unterschlupf besseres Wetter abzuwarten, damit seine hübschen Flügel nicht nass werden. Heute lassen sich aber einige blicken. Nicht so viele wie bei meiner letzten Tour, aber es sind genügend Vögelchen so wohlwollend, vor unsere Kameras zu flattern. Die Möwen lassen sich von keinem Wetter abhalten und versammeln sich in Scharen. Um die besten Fotos zu machen, muss man natürlich direkt unter ihnen stehen. Und da man beim Fotografieren für gewöhnlich die Arme hochhält, ist das für Möwen eine hervorragende Gelegenheit, direkt mal in den Ärmel zu verdauen. Plitsch, platsch und eine schöne Menge Vogelmist landet dort, wo man ihn nicht haben möchte. Diesmal bin nicht ich, sondern einer von den Gästen der Glückliche. Baden in Vogelmist habe ich bereits letztes Jahr hinter mich gebracht. Auf ein zweites Mal kann ich gut verzichten.

MS Polarlys, 22. Juni

Und raus sind wir aus arktischen Gefilden. Heute ist wieder Kapellentag. Der zweite auf dieser Tour. In Brønnøysund findet ein Musikfestival statt, Anlass für eine ganze Horde Kapellen, vor unserem Schiff aufzumarschieren. Alle Gäste stapeln sich backbord um der Musik zu lauschen. Die Einheimischen haben vielfach ihre Tracht angezogen, ein herrlicher Anblick. Unter die gut hundert Musiker hat sich ein deutscher Aktivist gemischt, der uns tapfer seine politischen Parolen in Plakatform entgegenhält. Vielleicht denkt er, dass deutscher Wahlkampf in Norwegen eine Zukunft hat. Immerhin ist ein Großteil der Gäste auf den Hurtigrutenschiffen aus Deutschland. Wir amüsieren uns mehr darüber, als dass wir ihn ernst nehmen. Ungeachtet seiner Botschaft an die Welt, widmen wir uns der Musik.

Mein Kollege hat sich heute ein besonderes Projekt vorgenommen. Er will per pedes die Brücke erobern, die wir hinter Brønnøysund passieren. Der Blick von dort ist wirklich wunderschön, aber ich bezweifle, dass das in der Liegezeit zu schaffen ist. Aber sein Ehrgeiz ist gepackt. Ich verzichte, da ich heute keinen Elan auf Gewaltmärsche habe. Stattdessen bummele ich an der Promenade entlang und genieße die herrliche Sonne. Die Kapelle spielt unaufhörlich. Zeit um mal wieder ein Softeis zu adoptieren. Noch mehr Kalorien, die zwischen den Touren wieder mühsam abtrainiert werden müssen. Aber kaum habe ich das Eis auf der Hand, ist es wie immer. Im Nu stehen auch mindestens dreißig Gäste draußen, die eifrig ihr Softeis schlecken. Es ist aber auch zu lecker.

Kurz vor Ablegen taucht auch mein Kollege wieder auf und gibt sich geschlagen. Der Weg auf die Brücke ist nicht zu schaffen. Ja, mit den Entfernungen kann man sich zuweilen schwer verrechnen. Was ganz nah aussieht, ist meilenweit entfernt. Das Thema ist also durch.

MS Polarlys, 23. Juni

In Trondheim liegt heute die MS Nordlys neben uns. Da sie das Schiff ist, auf dem ich bis jetzt die meisten Touren bestritten habe, gehe ich natürlich rüber. Aber alle befreundeten Crew-Mitglieder scheinen ausgeflogen oder haben ihre freie Phase. Immerhin kann ich meinem Kollegen das ein oder andere auf dem Schiff zeigen, denn er wird demnächst seine erste Tour auf der Nordlys bestreiten und da ist es immer gut, wenn man schon mal weiß, wo man seine Aushänge platzieren und wo man die Reiseleiter-Sprechstunden abhalten kann. Das ist für gewöhnlich auf jedem Schiff anders. Von unserer Gruppe lässt sich heute Morgen keiner blicken, viele sind nochmal auf einen Sprung in die Stadt gegangen und da muss man südgehend in Trondheim eben früh dran sein.

Am Abend gibt es ein echtes Highlight, das auch ich noch nicht auf dem Schiff erlebt habe. Überhaupt ist heute ein besonderer Tag, St. Hans aften, der Vorabend zum Johannistag. Er markiert die Sommersonnenwende und wird überall in Norwegen mit riesigen Feuern gefeiert. Schon am späten Nachmittag sehen wir an den Ufern aufgeschichtetes Holz, lichterloh brennend und uns wird klar, dass jetzt unweigerlich bald das Ende der Mitternachtssonne naht. Auch auf dem Schiff feiern wir St. Hans aften, Deck sieben ist von der Crew liebevoll mit Birkenzweigen und Norwegenflaggen dekoriert worden. Stimmungsvoll. Pünktlich um 22 Uhr versammeln wir uns draußen und unser Auge fällt gleich auf die weiße Kniebank, die dort positioniert ist. Eine Hochzeit? Nein, das kann ja nicht sein. Alle tragen Blumenkränze im Haar und auch ich habe mir meinen Blumenkranz vom 17. Mai aufgesetzt, der mir im Koffer entgegen gesprungen ist. Ich bin ja immer dafür, Dinge wieder zu verwenden. Und tatsächlich. Als wir alle versammelt sind, marschieren die Offiziere feierlich auf und danach - das Brautpaar. Wir haben wirklich eine Hochzeit an Bord. Das Paar traut sich zwar nicht zum ersten Mal, sondern feiert seine Goldhochzeit an Bord, aber auch ein neues Eheversprechen zum fünfzigsten Hochzeitstag hat was. Wir sind ganz gerührt und stoßen auf das Paar mit einem Glas Prosecco an.

Odin findet das offenbar gar nicht in seinem Sinn und schickt gleich nach der Zeremonie den heftigsten Regenguss, den er im Programm hat. Noch nie hat sich Deck sieben so schnell geleert und alles drängelt sich unter den überdachten Bereichen.

Kabinenverlasstag. Ein guter Tag um Beschwerden entgegen zu nehmen. Wie bitte? Also es ist ja durchaus zulässig, dass man mit dem ein oder anderen mal nicht so zufrieden ist und das auch zu äußern. Nicht umsonst sagen wir zu Beginn jeder Reise, dass die Gäste mit Dingen, die Ihnen im Magen liegen, zu uns kommen mögen, da wir bislang für fast jedes Problem eine Lösung finden konnten. Und es ist immer besser man ist es los, als dass es sich aufgestaut in einem Gewitter entlädt. Die meisten Gäste beherzigen das. Umso schöner ist es, wenn man dann als Reiseleiter am Abreisetag mit etwaigen Beanstandungen beglückt wird, und das auch noch von denen, die nicht zu unserer Gruppe gehören. Wir helfen ja immer gerne, wo wir können, auch außerhalb unserer Gruppe, aber die Gruppenreisen heißen eben nicht umsonst Gruppenreisen, auch weil man quasi seinen persönlichen Reiseleiter dabei hat. Nun ja, geduldig hören wir uns an, was sich über uns entlädt. Vier Mann haben über einen Discounter gebucht. Mitternachtssonnenreise zum Dumping-Preis. So weit, so gut. Dass man bei niedrigen Preisen gewisse Abstriche machen muss, fällt bei den besagten Reisenden jedoch nicht in das Akzeptanzlevel. Vom Besten soll es sein zum niedrigsten Preis. Haben wir heute nicht Ausschiffungstag? Rausrücken mit Beanstandungen am Reiseende? Ok, eine Beschwerde gleich zu Anfang wäre wohl auch nicht von mehr Erfolg gekrönt gewesen. Wenig später erfahren wir, dass bereits Rezeption und Bordreiseleitung die letzten elf Tage mit dieser „kleinen" Beanstandung im Dauermodus bombardiert wurden. Und da man nicht zum Zuge kam, sind heute eben wir als Gruppenreiseleiter an. Herzig. Nach dieser theatralischen Vorstellung sind wir froh als Bergen in Sicht kommt. Bloß schnell in unsere Busse flüchten, Gott sei Dank steigen die vier ganz zum Schluss aus. Wer auf Deck zwei wohnt, verlässt als letzter das Schiff. Glück für uns.

Der Kampf des Wetters oder:
der Sommer in der Sommerpause

Oslo, 15. Juli

Heute feiere ich Geburtstag am Osloer Flughafen. Also nicht, dass ich das immer so mache, aber die neuen Gäste kommen und die wollen ja schließlich empfangen werden. Diesmal bin auch ich aus Deutschland angereist, jedoch bereits einen Tag vorher. Auch KLM hat sich ein Geburtstagsgeschenk für mich überlegt und meinen Koffer in Amsterdam stehen lassen. Prima. Ich bin gespannt, ob mein Gepäck heute noch den Weg nach Oslo findet.

Mit den Flügen der Gäste geht diesmal alles reibungslos. Keine Verspätung und alle kommen in zwei Fliegern knapp hintereinander. Ein echter Segen für uns. Denken wir. Nein, auch diesmal haben wir die Rechnung ohne die Airline gemacht. Ein Koffer fehlt. Das Übliche also. Während 48 Mann bereits draußen auf den Transfer warten, dauert es mal wieder ewig um den verlorenen Koffer zu registrieren. Die Gäste nehmen es jedoch außergewöhnlich gelassen. Zwischenzeitlich teilt mir KLM mit, dass mein Koffer sich mit dem Mittagsflug zu mir bewegt. Immerhin etwas. Da ich am Flughafen jedoch keine Möglichkeit mehr habe, ihn entgegen zu nehmen, einigen wir uns auf die Lieferung ins Hotel.

Relativ pünktlich starten wir nach Oslo und auf der Stadtrundfahrt erfreuen sich alle am warmen Sommerwetter, ein guter Tourstart. Nach dem Begrüßungscocktail hänge ich mich ans Telefon. Inzwischen ist später Nachmittag und mein Koffer ist natürlich bislang nicht aufgetaucht. Und da ja noch ein Gästekoffer fehlt, kann ich deswegen auch gleich nachfragen. Ernüchterung. Beide Koffer kommen erst irgendwann heißt es. Ja, das ist immer besonders spaßig, weil wir ja nun mal nicht in Oslo bleiben und der Koffer dann gerne mal tagelang hinter uns her fliegt. Meine einzige Outdoorjacke befindet sich natürlich dort, wo sie mir überhaupt nichts nutzt: im Koffer. Nach meiner letzten Tour bin ich gleich nach Deutschland geflogen und mit mir alles an Kleidung, was ich auf den Touren so brauche. Unserem Gast geht es natürlich genauso. Also steht bei ihm heute einkaufen auf dem Programm. Auch ich hatte schon einmal das Vergnügen bei einer Weihnachtsreise acht Tage ohne Gepäck da zu stehen. An Festtagen besonders amüsant. Seit diesem persönlichen Erlebnis kläre ich bei Kofferverlusten immer gleich mit der Airline ab, wieviel Geld sie fürs Einkaufen abdrückt. Immerhin darf unser Gast schon mal die ersten zweihundert Euro ausgeben. Ein schwacher Trost.

Als ich mit meiner Kollegin nach dem Essen ins Hotel zurückkehre, habe ich mich innerlich schon damit abgefunden, dass die Koffer irgendwann kommen. Aber siehe da: zumindest mein Koffer hat den Weg ins Hotel gefunden, der Koffer des Gastes leider nicht. Also teile ich der Airline alle längeren Aufenthalte unseres Schiffes mit in der Hoffnung, dass die Lieferung nicht allzu lange dauert.

Bergenbahn, 16. Juli

Regen, Regen, Regen. Oslo scheint etwas dagegen zu haben, dass ich abreise. Zügig ist das Gepäck im Transporter verstaut und wir machen uns auf zum Bahnhof.
Während der Fahrt mit der Bergenbahn kann sich das Wetter nicht so richtig zwischen schön und schlecht entscheiden. Immerhin sitzen wir ja trocken. Aber auch heute: kein Gletscher in Sicht vor lauter Wolken und auch die Radfahrer, die sich um diese Jahreszeit an der Strecke tummeln um den parallel verlaufenden Radwanderweg zu fahren, haben sich alle irgendwo untergestellt. Ein Trauerspiel.
Für Bergen ist dieses Wetter ja normal und als wir dort zur Stadtrundfahrt aufbrechen, haben wir uns alle mit dem Gedan-

ken angefreundet, dass heute Schirmtag ist. Ich habe allerdings einen findigen Guide dabei. Es gelingt uns tatsächlich so durch die Stadt zu cruisen, dass bei jedem Fotostopp der Himmel seine Schleusen schließt. Manchmal muss man eben auch ein bisschen Glück haben. Natürlich kann man am Wetter grundsätzlich nichts ändern, aber wir wissen ja alle, dass ein Urlaub viel schöner beginnt, wenn man sich trockenen Fußes durch die Stadt bewegt. Heute klappt es.

Am Abend bei der Einschiffung läuft alles reibungslos und wir starten wieder mal gen Norden.

MS Polarlys, 17. Juli

Der nächste Regentag. Mist. Ausgerechnet heute. Geirangerfjord und so. Gut, es hilft nichts. Bis zum Mittag kann man ja immer noch hoffen, dass doch noch die Sonne herauskommt. Den Wetterbericht ignorieren wir erstmal. Gegen zwölf gehen wir dann doch mal an Deck, es regnet beharrlich weiter. Aber diesmal haben wir eine GoPro dabei und die will ausprobiert werden. Nachdem ich auf der letzten Tour keinen Tourfilm machen konnte, will ich diesmal die Gäste beim Abschlusscocktail wieder damit erfreuen. Der Einschiffungstag fehlt uns drehtechnisch allerdings bereits. Um 20 Uhr ablegen ist nicht tourfilmtauglich, denn schließlich habe ich ja einen Job an

Bord, der natürlich vorgeht. Auch jetzt bin ich noch nicht überzeugt, dass ich zusammen mit meiner Kollegin genügend Filmmaterial zusammen bekomme, aber wir wollen es zumindest versuchen. Das Regenwetter ist dem wenig zuträglich. Nach wenigen Minuten sind Kamera und wir hoffnungslos nassgeregnet.

Dazu dicke Jacke und Mütze im Juli. Dieses Jahr findet der Sommer nicht so richtig nach Norwegen. Zumindest nicht in beständiger Form.

Auch als das Tenderboot naht, das die Ausflügler an Land bringt um Richtung Trollstigen zu starten, hat der Himmel kein Einsehen. Wo sonst alle an Deck um einen Platz kämpfen, verziehen sich heute alle so schnell wie möglich in den Bauch des Tenderboots. Und auch meine Kollegin und ich ziehen es heute vor, den Geirangerfjord vom Inneren des Schiffes aus anzuschauen. Zu ungemütlich draußen. Die meisten Gäste halten es ebenso.

Aber kaum jemand lässt sich vom Wetter entmutigen. Als die Gäste abends in Molde zurückkehren sind sich alle einig. Wetter: Mist. Ausflug: toll. In Molde findet im Moment auch das Jazz-Festival statt. Alljährlich lockt es zahlreiche Besucher an. Gerade die Norweger lassen sich ja von schlechtem Wetter nicht abhalten ein Festival zu besuchen. Überall im Land finden im Sommer welche statt und die Norweger sind es gewohnt, sich dabei das ein oder andere Mal nassregnen zu lassen. Auch in Molde ist deshalb heute viel los, schon bevor wir anlegen, hören wir die Musik zu uns rüber tönen. Aber ist das Jazz? Bislang war ich der Meinung, dass Jazz nicht zu meinen bevorzugten Musikrichtungen gehört. Und ob der gespielten Musik sind alle ein wenig irritiert. Vielleicht norwegischer Jazz? Es gelingt uns nicht, das Geheimnis zu lüften.

MS Polarlys, 18. Juli

Ok, so langsam glauben wir an einen Fluch. Der nächste Regentag. Es ist zum Haare raufen. Nachdem die Gäste zu den Ausflügen gestartet sind, überlege ich ernsthaft, ob ich den Elan habe, nach Trondheim hinein zu laufen. Auf der anderen Seite: ohne Trondheim-Filmaufnahmen kein Tourfilm. Neben uns liegt die MS Nordnorge, aber ich beschließe mir den Besuch heute zu sparen. Und während ich so am Kai stehe, pfeift es vom Schiff herab. Ja, immer, wenn man denkt, man trifft niemanden, trifft man eben doch jemanden. Heute ist einer meiner Lieblingskollegen mit seiner Reisegruppe an Bord. Und da ich mit ihm dieses Jahr keine Tour habe, nutze ich sofort die Gelegenheit zu einem kleinen Plausch. Das ist das, was ich an meinem Job so liebe. Da ich ja ständig die Schiffe wechsle, ist fast jedes Nebeneinanderliegen wie eine Art Familientreffen. Manchmal eben unvorhergesehen.

Nach dem Frühstück dann doch auf in die Stadt. Auch für meine Kollegin ist das ganz hilfreich, denn sie ist neu in unserem Reiseleiterteam und ich laufe mit ihr die Strecke ab, die wir den Gästen in den Stadtplan als Rundgang einzeichnen. Und wir können gleichzeitig ein paar Filmaufnahmen machen. Leider ist unterstellen heute die Aktivität des Tages. So ziemlich an jeder Ecke suchen wir nach einer Möglichkeit vor dem Regen zu flüchten, und wir treffen laufend Gäste unserer Gruppe, die es uns gleichtun. Bestimmt ist es ein herrliches Bild, wie sich alle unter den kleinsten Dächern zusammendrängeln. Trotzdem halten alle tapfer durch, wozu gibt es schließlich nen Fön auf der Kabine um wieder alles in einen trockenen Zustand zu bringen. Ob uns wohl noch Schwimmhäute wachsen?

MS Polarlys, 19. Juli

Der vierte Regentag. Nein, nichts kann mich heute motivieren, zur Überquerung des Polarkreises rauszugehen. Ich hege die Hoffnung, dass sich das Wetter für den Svartisenausflug bessert, der um halb neun startet. Gott sei Dank tut es das. Der Dauerregen wechselt zu Schauerregen. Angesichts der letzten Tage eine immense Verbesserung. Mittlerweile sind Scherze über das Wetter das größte Tratschthema im Schiff.

Aber nun scheint es wirklich besser zu werden. Bis Bodø schauert es nur noch gelegentlich und sogar die Sonne lässt sich minutenweise blicken. Wir sind ganz irritiert über das runde, gelbe Ding am Himmel. Und damit wir nicht allzu verwöhnt werden, zieht der Himmel auch gleich wieder den Vorhang zu.

Am Abend vor Svolvær passiert die MS Lofoten. Egal, welches Wetter ist, wenn sie vorbei fährt, gehe ich grundsätzlich an Deck, weil sie einfach so entzückend ist. Außerdem trötet sie am schönsten. Nachdem unser Schiff kräftig ins Horn geblasen hat, erklingt ihr zartes Stimmchen und sie fährt majestätisch vorbei.

MS Polarlys, 20. Juli

Den Polarkreis haben wir zwar schon gestern überschritten, aber erst heute findet die Polartaufe statt. Auch diejenigen, die gestern Morgen am Svartisengletscher waren, sollen ja die Gelegenheit bekommen, eine kalte Dusche zu nehmen. Natürlich sind meine Kollegin und ich auch an Deck, wir wollen ja, die verzerrten Gesichter fotografieren. Immer ein gefährliches Unterfangen, denn es könnte auch uns mit der kalten Dusche erwischen. Während ich noch Fotos mache, kann ich mich dann auch gar nicht so schnell wehren bis ich vier herrlich kalte Kellen Eiswasser im Nacken spüre und ich teile das gleiche Schicksal, wie die Gäste. Kapitän und Hotelchef haben so kräftig zugelangt, dass die wohlig warme Flüssigkeit bis in die Schuhe läuft. Brrrrrrrr. Ok, ein paar Minuten später weiß ich, dass ich damit noch ganz gut bedient bin. Meine Kollegin trifft es härter. Wer neu auf dem Schiff ist, bekommt den gesamten Eimer. Erfrischungskur deluxe, natürlich sehr zum Vergnügen der Gäste. Merke: was der Himmel aufgehört hat abzuregnen, besorgen Kapitän und Hotelchef. Also erst einmal trocken legen.

Auch am Nachmittag in Tromsø laufe ich mit meiner Kollegin den Rundgang ab, den wir den Gästen in den Stadtplan einzeichnen und ganz nebenbei lässt sich dann auch mal eine Shopping-Tour einlegen. Bevorzugt Sportklamotten, die man sowohl auf den Touren, als auch überhaupt in Norwegen immer gebrauchen kann. Blöd nur, dass die Norwegerinnen im Gegensatz zu mir immer in Zwerggrössen passen. Kein Shoppingerfolg heute also.

Sofort als wir wieder an Bord sind, kommt ein neuer Organisationsmarathon auf uns zu. Diesmal sind ungewöhnlich viele Passagiere in Trondheim zugestiegen und das Restaurant weiß kaum alle in der gewünschten Sitzung unterzubringen. Mit einer Umbesetzung von zwei Tischen in unserer Gruppe jedoch kann dem Wunsch aller Gäste entsprochen werden. So weit, so gut. Blöderweise ist nicht jeder begeistert, an Tag fünf an einen anderen Tisch zu ziehen. Verständlich. Inzwischen hat sich der ein oder andere gefunden und genießt die Gesellschaft der neu gewonnenen Urlaubsbekanntschaft. Die nette Aufgabe es den Gästen mitzuteilen, kommt uns Reiseleitern zu, zusammen mit dem Oberkellner. Heute gelingt es uns allerdings nicht, den Gästen ihre neue Tischnummer schmackhaft zu machen und so ziehen meine Kollegin und ich kurzerhand in eine andere Sitzung um und schon passt alles wieder. Zumindest so, dass sich keiner in seiner Urlaubsglückseligkeit beeinträchtigt fühlt.

Dafür haben wir Reiseleiter nun in der 18-Uhr-Sitzung den Trumpftisch gezogen. Wir speisen fortan mit zwei individuell reisende Damen, die in ihrem Leben wahrscheinlich Worten nicht so zugeneigt waren. Sie schweigen sich konsequent an und wenn dann doch einmal ein Wort über die Lippen kommt, sind es Beschwerden. Über die Reise, das Wetter, die Ausflüge, das Essen und über was man sonst noch meckern kann. Wahrscheinlich treiben wir sie mit unserer Unterhaltung nahezu in den Wahnsinn, denn wir plappern fortwährend über die schöne Natur, das gute Essen, unsere super Gruppengäste und alles, was man schön finden kann. Ja, auf dieselben Dinge gibt es eben verschiedene Sichtweisen. Und dann sitzen am Nebentisch auch noch weitere Gäste, die die Reise ebenso genießen und lautstark mit einer Flasche Wein auf den Tag anstoßen. Geradezu ein Affront, finden die Damen neben uns.

Am Nordkapptag haben wir zur Abwechslung wieder einmal Regen. Immerhin kein Schütteregen, aber so richtig tröstet uns das nicht. Vor allem nicht die Gäste, die auf ihren Nordkapp-Aufenthalt so etwas wie hingelebt haben. Und immer wieder das alte Problem, das wir von unseren Sprechstunden der letzten Tage kennen. Den Ausflug an Tag acht oder Tag sechs buchen. Das Wetter-Glückslotto ist wieder in vollem Gange. Heute hat Tag sechs die Niete gezogen. Pech. Aber wir wissen ja noch nicht, ob sich auch Tag acht als Nordkapp-Wetter-Niete entpuppt. Es hilft nichts. Am Vormittag startet also ein Großteil der Gäste Richtung Nordrand Europas.

Ich vergnüge mich heute in Honningsvåg, denn ein Freund von mir macht dort gerade Angelurlaub und besucht mich am Kai. Natürlich machen wir auch einen kleinen Spaziergang durch Honningsvåg. An den gegenüberliegenden Bootsstegen stehen ein paar Norweger herum, die den Tag bereits mit der gefühlt hundertsten Bierdose begehen. Jedenfalls ist ihr Standvermögen nicht mehr so ganz einwandfrei. Eher sind sie kurz vor dem Umfallen. Und einer spricht uns auch direkt an. Wunderbar. Eine Unterhaltung mit Betrunkenen ist genau das, was ich jetzt brauche. Immerhin fragt er uns, ob wir norwegisch sprechen. Da ich zu allem Überfluss nicht noch sprachliches Rätselraten spielen möchte, beschließe ich mich auf Englisch einzuschießen. Da es ja kein hochnorwegisch gibt, muss man sich manchmal schon anstrengen, nüchterne Norweger zu verstehen, ja nachdem aus welcher Region sie kommen. Das Ganze noch erschwert durch Alkohol macht aus norwegisch kisuaheli. Nach fünf Minuten beschließen wir jedoch, dass wir genug Konversation betrieben haben und suchen das Weite. Ja, als Fischer hat man zu dieser Jahreszeit eben das Problem der Langeweile. Der Fischfang für das Jahr ist weitestgehend erledigt und jetzt nutzt der ein oder andere die Zeit um seinen Verdienst in Alkohol anzulegen.

Am frühen Nachmittag kehren die Gäste vom Nordkapp zurück. Die Wetterniete hat sich bestätigt. Jedoch nicht so ganz. Immerhin kein Regen, aber vor lauter Nebel war der Globus kaum zu sehen. Das ist durchaus typisch in den Sommermonaten. Man muss es sich eben als norwegisches Kaiserwetter schon reden.

Am Abend naht Berlevåg und damit die Vinkekonkurranse. Da ich ja zweimal hintereinander auf der Polarlys auf Tour bin, habe ich also heute noch einmal das Vergnügen gegen die Finnmarken. Kistenweise Fahnen, Perücken und sonstige Verkleidungsutensilien schaffen wir auf Deck fünf und es dauert nicht lange und jeder hat sein Winke-Outfit gefunden. Endlich bequemt die Finnmarken sich aus dem Hafen heraus, damit wir unseren Sieg vom letzten Mal verteidigen können. Natürlich sagen das auch alle auf der Finnmarken. Als wir aneinander vorbei fahren, muss jedenfalls jeder in Berlevåg senkrecht im Bett stehen. Zwei Minuten Schiffsunterhaltung der Extraklasse per Nebelhorn. Es will einfach kein Ende nehmen und wir alle grölen natürlich lautstark mit. Die Stimmung ist riesig. Wie immer vergeht das Spektakel viel zu schnell, aber man kann ja Abhilfe schaffen. Als wir aneinander vorbei sind, halten beide Schiffe kurzerhand an und setzen zurück. Winken, die zweite. Die Stimmung ist so ausgelassen, dass wir bis Mitternacht durchfeiern könnten, aber nach der zweiten Winkeattacke ist Feierabend. Nun ja, die Einwohner von Berlevåg wollen ja irgendwann einmal schlafen.

MS Polarlys, 22. Juli

So langsam wird es was mit dem Wetter. In Kirkenes blinzelt tatsächlich ab und zu die Sonne durch. Es ist ja immer dasselbe in Kirkenes. Die Stadt wird einfach nicht schöner. Da ich heute meiner Kollegin den Vortritt lasse die Quad-Safari zu begleiten, begnüge ich mich damit, mir die Beine zu vertreten. Wie viele Gäste auch. Immer wieder frage ich mich, warum oft die Ausflüge in Kirkenes nur mäßig gebucht sind. Zumindest im Sommer. Ausflugsmüdigkeit stellt sich in der Regel ja erst am Ende der Reise ein. Und dabei finde ich gerade in Kirkenes, dass man dort per Ausflug die wirklich tolle Umgebung kennenlernt.

Frisch gewendet machen wir uns am Nachmittag bereit für den Marsch zum Hexendenkmal in Vardø, diesmal eine echte Herausforderung, da wir erst mit Verspätung eintrudeln, der Vardø-Killer.

Nachdem wir uns ja die letzten Tage gefragt haben, ob wir denn noch das Vergnügen haben werden, die Mitternachtssonne zu sehen, erhört sie uns endlich. Bereits am späten Nachmittag verschwinden alle Wolken wie von Zauberhand und strahlend blauer Himmel macht sich breit. Endlich! Keinen Gast hält es mehr im Schiff. Nach dem Winkefestival von gestern wird es heute allerdings ein Abklatsch. Ja die MS Vesterålen ist eben kein Winkeschiff. Bei uns stehen wieder mal die Massen draußen und drüben? Mühselige drei Mann zeigen sich an Deck. Wir haben eindeutig gewonnen.

Bis weit hinter Mitternacht bleiben wir an Deck und genießen die fabelhafte Mitternachtssonne, die den Himmel in die schönsten Rottöne taucht. Das sind die Momente, wo man denkt im Paradies zu sein. Und irgendwie ist man es ja auch.

Nordkapptag die zweite. Diesmal sind die heutigen Ausflügler die Gewinner. Jetzt wissen wir es. Meine Kollegin hat das Vergnügen sich heute um 4:45 Uhr aus dem Bett zu schwingen, da sie den Ausflug begleitet. Währenddessen bereite ich mich schon einmal auf meinen zweiten Vortrag für unsere Gruppe vor. Meistens schaffen wir nur einen, da neben uns noch andere Gruppen auf dem Schiff sind und die Expeditionsteams ja auch einiges veranstalten. Vorher genieße ich jedoch eine fabelhafte Kaffeepause in Hammerfest. Gut, dass der Narvesen-Kiosk gleich in der Nähe des Schiffes ist. An der neu gemachten Hafenpromenade lässt es sich mit einem Coffee-to-go herrlich aushalten. Auch unser Kapitän und noch ein paar weitere Offiziere nutzen den Stopp für eine Kaffeepause außerhalb des Schiffes und so sitzen wir bald wie die Vögel aufgereiht an der Hafenkante.

Am Nachmittag versuche ich mich vorsorglich schon einmal mit der Technik im Konferenzraum auseinander zu setzen. Jeder, der schon einmal einen Vortrag gehalten hat, weiß, dass man gut darauf verzichten kann, die Technik erst auszuprobieren, wenn schon alle Zuhörer in gespannter Erwartung zugegen sind. Aber wo man denkt, dass eine Stunde dafür ja wohl mehr als ausreichend ist, macht einem die Technik einen Strich durch die Rechnung. Kein Kabel will das Bild übertragen und die Bildschirme wollen meinen Rechner nicht erkennen. Mittlerweile trudeln schon die Gäste ein, die sich trotz schönen Wetters für berühmte Norweger interessieren. Kurzerhand muss es eben ohne Technik gehen. Ja, als Reiseleiter muss man auch mal spontan sein.

Am Abend gibt die Mitternachtssonne wieder alles um unser Herz zu rühren. Und dazu gibt es eine Kostprobe Stockfisch-Chips. Ich gebe ja zu, dass ich diese Dinger mitunter ganz schmackhaft finde, aber nur, wenn man sie mit reichlich Aquavit herunter spülen kann. Da das heute eher nicht der Fall ist, verzichte ich. Solo gegessen bescheren sie einem einen abgestandenen Fischgeschmack im Mund, den man nicht so schnell weder loswird. Nein. Da genieße ich lieber die traumhaften Farben, die die Mitternachtssonne bald an den Himmel zaubert. Wie schnell doch zwei Tage Schönwetterfestival eine ganze Schlecht-Wetter-Woche auslöschen können

MS Polarlys, 24. Juli

Tag neun ist angebrochen und die Sonne lacht vom Himmel. Für mich ist es heute Zeit einen weiteren Ausflug kennen zu lernen. Die RIB Safari in Svolvær. Ich gebe zu, seit ich in Bodø das erste Mal auf dem Speedboot war, ist das so etwas wie meine Leidenschaft geworden. Deshalb freue ich mich besonders, wieder einmal über das Wasser zu sausen. Und bei dem Wetter habe ich die vage Hoffnung, dass es heute möglich ist, ohne diese lästige Sturmhaube ins Boot zu steigen, die einem, wenn man sie abnimmt, eine perfekte Helmfrisur beschert. Gut, wenn man hier zu Outdoor-Aktivitäten aufbricht, kommt es nicht darauf an, hinterher noch laufstegtauglich zu sein, aber da ich das Ganze nun mal im Rahmen meines Jobs mache, finde ich es doch sehr angenehm, heute mal auf besagte Sturmhaube verzichten zu können. Die kostenlose Fönfrisur bekommt man ja trotzdem.

In den hübschen Overall schmeiße ich mich dennoch, schließlich erfreut der Fahrtwind zuweilen mit kühlen Temperaturen. Heute sind wir nur fünf Mann im Boot, so dass wir zügig in Svolvær starten. Da ich von Speedboot-Touren gewöhnt bin, dass es eine feuchte Angelegenheit ist, lasse ich meine große Kamera an Land und packe nur das Handy ein. Schließlich lässt sich das blitzschnell für ein Foto hervorholen und man kann es danach wieder hübsch im Overall verschwinden lassen. Nur vergessen darf man es da nicht. Ich könnte Bücher darüber schreiben, was ich schon alles in besagten Kleidungsstücken von Vorgängern gefunden habe. Dass ich mich jedoch dreißig Minuten später über meine Kamera an Land so richtig ärgere, weiß ich zu diesem Zeitpunkt allerdings noch nicht.

Zunächst einmal tuckern wir gemächlich los. Kaum ist die Fischerinnenstatue am Hafenausgang in Sicht, geben wir ordentlich Speed. Herrlich. Man möchte vor Genuss die Augen schließen, aber ich versuche das tunlichst zu vermeiden. Lofotenlandschaftskulisse und so. Alle Landschaftseindrücke in uns aufsaugend sausen wir zum Sandstrand. Das Wasser ist so türkisblau, dass man meinen könnte, man hält sich in der Karibik auf. Allerdings ist die Wassertemperatur nur etwas für die Harten. In zwölf Grad baden? Nein, ich verzichte.

Wir fahren weiter und erspähen den ersten Seeadler. Jetzt, wo ich keine Kamera dabei habe! Genüsslich fliegt er über uns hinweg und beobachtet uns. Möglicherweise hofft er auf ein Fischleckerli. Kaum haben wir den Motor unseres Bootes ausgeschaltet, gesellt sich der nächste dazu. Und der nächste. Und der nächste. Alle versammeln sich auf einem kleinen Inselfelsen gleich neben uns und verfolgen uns mit Adleraugen. Auf adlerisch tönt es herüber, wann denn nun endlich der Fisch aufgetischt wird. Und tatsächlich. Wir haben Fisch dabei. Also eröffnen wir kurzerhand das Buffet und bald flattern sie betörend nah an unser Boot heran um die Köstlichkeiten aus dem Meer zu fischen. Mir fällt wieder ein, dass ich keine Kamera dabei hab. Grrrrr! Immerhin gelingt es mir per Handy ein paar Videos zu schießen. So nah bin ich noch nie an die stolzen Vögel herangekommen. In Ermangelung geeigneter Fotoausrüstung, erfreue ich mich dann heute daran, die Seeadler einfach zu beobachten. Und auch das ist fabelhaft.

Nachdem unser Fisch aufgebraucht ist, fahren wir weiter zur kleinen Inselgruppe Skrova, die sich in den Vestfjord erstreckt. Bei gutem Wetter wie heute blickt man bis zum Festland und auf die Lofotenwand. Sagenhaft!

Auf Skrova ist natürlich eins Hauptthema: die Fischerei. Wie könnte das auch anders sein. Schließlich handelt es sich hier auch um eine ehemalige Hochburg der Lofotfischerei. Dorsch und Seelachs sind hier jedoch inzwischen nicht mehr Hauptakteur, jetzt ist der Lachs Trumpf. In riesigen Becken wartet er vor der Inselgruppe auf seinen Weg in Kochtopf und Backofen. Ja, so ein Lachsleben endet anders, als er es sich wahrscheinlich vorgestellt hat. Fischkarma. Auf jeden Fall aber trägt er dazu bei, dass so gut wie jeder auf Skrova irgendwie von der Lachszucht lebt, die örtliche Fischfabrik fährt ihn in rauen Mengen per LKW überall dorthin, wo er auf dem Teller landet. Nirgendwo in Norwegen ist die Millionärsdichte so hoch wie auf Skrova. Merke: Lachs scheint reich zu machen, zumindest hier. Wer also noch nach dem passenden Millionärssohn sucht, sollte einen Flirt bei einem Kaffee erwägen.

Zeit nun um zurück nach Svolvær zu fahren, auch diesmal mit ordentlich Speed. Neptun geizt heute mit den Wellen und mein Rücken dankt mir sehr, dass wir nicht alle zwei Meter in ein Seegangloch fallen. Und dann sind wir auch schon wieder am

Kai. Viel zu kurz war es, aber ich bin dankbar, dass ich diese schöne Tour erleben durfte.

MS Polarlys, 25. Juli

Was sag ich. Auch heute lacht die Sonne. Scheinbar stehen wir südgehend unter einem guten Stern. Die Helgelandküste ist einfach immer wieder zauberhaft.

Am Morgen steht zunächst die Polarkreisüberschreitung an. Der Lebertran wartet schon. Ich darf heute besonders davon profitieren. Auf Anordnung unseres charmanten Kapitäns darf ich gleich aus der Flasche trinken. Würg. Den Fischgeschmack werde ich den ganzen Tag nicht mehr los.

Dafür begleite ich den Ausflug nach Vega. Ich bin sehr gespannt, weil er leider oft nicht zustande kommt und ich will mir ein eigenes Bild machen. Heute ist es soweit. Los geht es in Sandnessjøen. Ich steige also aufs Schnellboot, das mich und die anderen Gäste nach Vega bringt. Wo man in den vergangenen Tagen noch eher im Schiffsbauch gekauert hat, lässt es sich heute prima an Deck aushalten. Die Sonne hat ordentlich aufgeheizt und der Fahrtwind ist geradezu eine Wohltat. Aber ich will mich mal nicht beschweren. Vorbei geht es an den Gipfeln der sieben Schwestern, die heute wolkenfrei in voller Pracht erstrahlen. Nachdem sie sich die letzten Monate allzu oft in einer Nebel-Wolken-Hülle verborgen haben, dachte ich schon, sie seien kurzfristig umgezogen. Aber nein, es gibt sie noch. Auf dem Weg zum Archipel passieren wir unzählige kleine Inseln. Die meisten sind lange nicht mehr bewohnt. Aber gelegentlich gibt es noch das ein oder andere Eiland, das immer noch Wohnsitz von ruhebedürftigen Norwegern ist. Der Einsamkeitsliebhaber geht hier seiner Schafzuchtleidenschaft nach und hält sich allerhand Federvieh. Nun ja, für alles andere, was der Norweger zum täglichen Leben braucht, nimmt er das hauseigene Boot um damit zum nächsten Supermarkt an der Küste zu sausen. Als dauerhaftes Lebensmodell nicht meine bevorzugte Variante, aber für einige Zeit abschalten lässt es sich hier allemal.

Weiter geht es Richtung Vega. So ziemlich alle drängeln sich mittlerweile draußen und lassen sich den Fahrtwind um die Nase wehen. Hat fast etwas von Mittelmeerfeeling heute. Nach einer guten Stunde legen wir auf der Hauptinsel des Vega-Archipels an. So ziemlich jeder Einwohner versichert mir, dass es sich heute um den mit Abstand wärmsten Tag des bisherigen Sommers handelt. Ich glaube das sofort und könnte mich hier gleich in eine gemütliche Hängematte legen, mit herrlichem Blick aufs Meer. Aber erst will ich ja etwas über die Eiderenten erfahren, die hier sozusagen im Vogelparadies leben. Deshalb geht es zunächst ins Museum und ich lerne allerhand über die Tierchen und ihre fabelhaften Daunen. Die Einwohner bereiten den Eiderenten einen heimeligen Nistplatz, wobei die Ente an sich eher die bereits eingewohnte Behausung bevorzugt und die neu gebaute gerne links liegen lässt. Alljährlich kommen sie zur Immobilienbesichtigung auf den Archipel und gucken sich die für sie perfekte Wohnung aus. Ja, als Eiderente ist man eben wählerisch.

Das Nest wird stattlich mit getrockneten Algen ausgepolstert. Sehr praktisch, weil diese sich nicht in den Daunen verfangen und die Reinigung entsprechend leichter fällt, bevor sie weiter verarbeitet werden. Netterweise reißt die Eiderente sich die Daunen selber aus, wenn die Eier ausgebrütet werden und da sie keine Verwendung mehr dafür hat, wenn die Kleinen geschlüpft sind, nimmt sich eben der Mensch der weichen Pracht an. Die Ente dankt es ihm durchaus und schätzt den Schutz des Menschen gegen Nerz, Otter und Rabe, allesamt stets auf der Suche nach einem Ei, das man ausschlürfen kann. Und wo es den Räubern gelingt, sucht die Eiderente das Weite und bevorzugt fortan ein anderes Plätzchen zum Nisten.

Sind die Kleinen flügge, braucht die Eiderente die Daunen nicht mehr und stellt sie großzügig zur Verfügung. Mist, dass alles, was nicht hinein gehört, erst einmal mühsam herausgeschüttelt werden muss. Bis sie den Ansprüchen als Daunenbettfüllung genügen, dauert es gut und gerne vierzehn Tage, denn jeder noch so kleine Fremdkörper muss herausgefiltert werden.

Mühselig. Aber das erklärt dann auch, warum man für eine fertige Daunendecke ca. 5.500,- Euro hinblättern muss. Auch wenn der Preis Schnappatmung verursacht, muss man sich mit einem Platz auf der Warteliste begnügen, wenn man eine sein Eigen nennen will. Wer die Daunen jedoch einmal in der Hand hatte, unterschreibt jederzeit, dass er noch nie etwas Weicheres gefühlt hat.

MS Polarlys, 26. Juli

Wieder ein Ausflugstag. Heute begleite ich die Tour zur Atlantikstraße. Viele von unserer Gruppe haben den Ausflug gebucht und so starten wir nach dem Anlegen in Kristiansund gleich Richtung Kvernes. Die Stabkirche dort ist eine der wenigen, die man auf Ausflügen an der Strecke besichtigen kann. Schön, dass sie extra für uns geöffnet wird. In der Vergangenheit war ich privat durchaus schon öfter dort, aber immer stand ich vor verschlossener Tür. Nach Stabkirche sieht sie nicht wirklich aus, eher wie eine ganz normale Kirche, die ein paar Stützbalken zur Stabilisierung bekommen hat. Fast ein bisschen unspektakulär. Da der Wind aber bekanntlich in dieser Region mal häufiger bläst, braucht das Kirchlein eben etwas, an dem es sich festhalten kann. Der Blick auf die Fjordlandschaft ist überwältigend. Drinnen ist die Stabkirche ein wahres Fest. Holzschnitzerei und Malereien warten darauf von uns bewundert zu werden. Wenn man bedenkt, dass von den ehemals tausend Stabkirchen viele verfeuert wurden, blutet einem das Herz. Aber diese gibt es ja Gott sei Dank noch. Nach ausführlicher Besichtigung fahren wir weiter Richtung Atlantikstraße. In einem entzückenden kleinen Restaurant wartet unser Abendessen. Ja, das kommt meinem knurrenden Magen gerade recht. Es gibt: Bacalao! Wääääääääää. Stockfisch und ich kommen in diesem Leben nicht mehr zusammen. Auch nicht beim größten Hunger. Nun ja, da ich aber dann doch nicht Hungers sterben will, bringe ich das irgendwie hinter mich. Einer der Gäste ist so gar nicht fischaffin und hat sich durch die Bordreiseleitung schon vom Schiff aus Brathähnchen mit Pommes Fries vorbestellen lassen. Welch Folter. Ich überlege kurzzeitig, ihm das duftende Mahl zu entreißen. Aber nein, ich bin ein Held, ich erkläre Bacalao bis ich satt bin zum köstlichsten Gericht der Welt.

Danach geht es weiter und ich träume immer noch von Brathähnchen. Da kommt mir die fabelhafte Atlantikstraße sehr gelegen um mich abzulenken. Fotostopp an der Storsundbrua. Da haben sich die Brückenbauer wirklich etwas einfallen lassen. Je nachdem, aus welchem Blickwinkel man das Bauwerk betrachtet, glaubt man, die Autos fallen am Brückenende ins Meer. Unsere Kameras klicken natürlich wieder unentwegt. Insgesamt misst die Atlantikstraße nur acht Kilometer und man ist viel zu schnell über sie hinweg gefahren. Irgendwo da draußen schiebt sich unser Schiff durchs Meer um uns in Molde wieder an Bord zu nehmen. Und die Busfahrt dorthin beschert uns auch noch einmal allerschönste Fjordlandschaft. Alle kleben an den Scheiben um die atemberaubende Landschaft zu genießen.

Zurück auf dem Schiff heißt es noch schnell den Koffer packen. Alles reinschmeißen und gut. Auf der Rückreise muss ja nicht mehr alles knitterfrei sein.

MS Polarlys, 27. Juli

Fünf Touren fast ohne Pause haben jetzt auch bei mir Spuren hinterlassen. Vor allem in der Zeit der Mitternachtssonne sind wir immer lange mit den Gästen draußen und der Schlafmangel macht sich jetzt deutlich bemerkbar. Fast drei Wochen bis zur nächsten Tour sind für mich jetzt eine willkommene Ruhephase. Vor allem freue ich mich auf endlich wieder längere Nächte. Ich war ja immer der Meinung, dass nur die tagesfüllende Dunkelheit einem irgendwann auf die Nerven geht, aber mit der Mitternachtssonne geht es mir nicht anders. Ich kann schon nicht mehr zählen wie oft ich aus dem Bett gesprungen bin, sicher, dass es Zeit zum Aufstehen ist. Drei Uhr morgens? Weiterschlafen. Meine innere Uhr braucht wieder ein bisschen Normalität. Auf der nächsten Reise werden wir uns wieder in einem ausgeglichenen Tag-Nacht-Verhältnis bewegen. Die Mitternachtssonne hat sich mit dieser Tour verabschiedet. Also auf Wiedersehen MS Nordkapp in drei Wochen.

Lost and Found Freuden oder:
die Spur der Tasche

Oslo, 15. August

Neue Tour, neues Glück. Das Kofferproblem nimmt kein Ende. Diesmal wird allerdings Eurowings zu unserer besonderen Freundin. Das wissen wir aber zu diesem Zeitpunkt noch nicht. Viel schlimmer ist, dass einer unserer Gäste die Handtasche im Flieger hat liegen lassen. Reiseleiterangelegenheit. Auch besagte Tasche wird uns die gesamte Tour beschäftigen. Wir Glückspilze!

Zunächst verfrachten wir aber alle in die Transferbusse und gehen auf Stadtrundfahrt. Natürlich beschäftigt mich die liegengelassene Tasche und schon während der Tour durch Oslo rufe ich vorsorglich bei Lost & Found am Flughafen an um herauszufinden, ob die Tasche gefunden wurde und vor allem, wann wir sie in Empfang nehmen können. Handtaschen haben ja leider die unangenehme Eigenschaft, dass alles drin ist, was man dringend braucht und was schmerzlich ist, wenn es dauerhaft verschwindet. Geld, Papiere, Kreditkarten und vor allem Medikamente sind im Allgemeinen nicht besonders nützlich, wenn sie sich weit weg von einem befinden. Natürlich sind die in der Tasche befindlichen Medikamente diesmal lebenswichtig. Aber als Reiseleiterin hat man ja immer die Hoffnung, dass es einem schnell gelingt, das Objekt der Begierde herbei zu zaubern. Ein schneller Anruf, Tasche am Flughafen abholen und alles ist prima. Heute nicht!

Zunächst einmal beginnt es damit, dass Lost & Found zwar eine hübsche Telefonnummer auf seiner Visitenkarte abgedruckt hat, jedoch gekoppelt mit einer noch hübscheren Bandansage, dass man sein Anliegen doch per Mail vortragen solle. Wunderbar. So schnell lasse ich mir die Hoffnung nicht zerstören. Also schnell die E-mail an das Fundbüro geschrieben, kann ja eigentlich nicht viel schiefgehen. Die Antwort kommt dann auch zügig, nur fällt sie anders aus, als ich mir das vorgestellt habe. In Flugzeugen Vergessenes wird erst nach vierundzwanzig Stunden zu Lost & Found geliefert. Ja, das wird immer besser. Schön, dass wir uns in vierundzwanzig Stunden bereits auf dem Weg nach Bergen befinden werden. Ich ahne irgendwie, dass hier ein Drama losgehen wird. Für den Moment müssen wir also abwarten und uns zunächst Gedanken über das Dringlichste machen: die Medikamente. Ja, das sind wirklich die schönsten Momente. Und in diesem Fall sind die

Medikamente so dringend, dass wir sie irgendwo anders her besorgen müssen. Es wird also wieder einmal ein Legevaktbesuch. Und damit taucht gleich das nächste Problem auf. Medikamente kosten Geld und selbiges befindet sich ja ebenfalls in der Tasche.

Zusätzlich brauchen wir die Inhaltsstoffe der Medikamente, denn in Norwegen heißt nicht zwangsläufig jedes Präparat so wie in Deutschland. Also Anrufen beim Hausarzt. Der ist in Urlaub. So langsam schwant mir, dass das ein komplizierterer Fall wird. Die Sprechstundenhilfe erklärt mir höflich, dass es heute auf keinen Fall möglich ist, die entsprechende Liste herauszusuchen. Es bleibt uns also nichts anderes übrig, als bis morgen abzuwarten. Vielleicht hat sich bis dahin ja auch die Tasche gefunden.

Bergenbahn, 16. August

Während wir uns schon früh auf zur Bergenbahn machen, schwebt weiterhin das Thema Tasche über uns. Während der Fahrt versuchen wir wieder in der Praxis des Hausarztes anzurufen, denn bis jetzt ist noch keine Wirkstoffliste eingetroffen. Immerhin kommt am späten Vormittag die Mail von Lost & Found, dass die Tasche bei ihnen eingetroffen ist. Immerhin. Und schon gibt es das nächste Problem. In gleicher Mail teilt uns das Fundbüro mit, dass für die Verwahrung der Tasche eine Lagergebühr fällig wird, die beim Abholen in Oslo beglichen werden muss. Schön, dass wir eine Rundreise machen. Zeit also Lost & Found nach Alternativmöglichkeiten zu befragen. So langsam beginnen wir zu zweifeln, ob wir die Tasche überhaupt in Oslo wegbekommen. Alles, was heute an der Strecke zu sehen ist, ist irgendwie zweitrangig. Die Tasche ist ein Vollzeitjob. Gefühlte tausend Anrufe in der Praxis des Hausarztes scheitern, weil entweder der Anruf nicht durchgeht oder ewig das Netz verschwindet. Kurz vor Bergen sind wir aber endlich so weit, dass die Liste rübergeschickt werden kann. Was nicht kommt, ist die Liste. Also machen wir einen erneuten Versuch die Praxis anzurufen und als wir endlich wieder durchkommen, teilt uns eine Anrufbeantworterstimme mit, dass wir außerhalb der Sprechstunden anrufen. Mittwochnachmittag. Scheinbar hat sich alles gegen uns verschworen.

Ich entscheide mich dafür, morgen früh in Ålesund mit dem Gast auszusteigen und zur Klinik zu fahren. Wenigstens haben wir da nicht den üblichen Zeitdruck bei Arztbesuchen, da wir unser Schiff fahren lassen werden und ich mit dem Gast am Abend wieder in Ålesund zusteigen werde. Der Geirangerfjord muss dann morgen einmal ohne mich auskommen.

Auf der Stadtrundfahrt in Bergen ist also das Wichtigste an Geld zu kommen, denn ohne die Medikamente zu bezahlen, geht bekanntlich nichts. Immerhin hat der Gast noch irgendwo in seinem Gepäck eine EC-Karte gefunden, mit der wir in Bergen flugs zum nächsten Geldautomaten huschen. „Für Auslandsbenutzung nicht zugelassen" ist genau das, was ich auf dem Display des Geldautomaten lesen wollte, nachdem wir die Karte reingesteckt haben. So kommen wir also nicht an Geld. Es hilft nichts. Der Gast ist mit einem Bekannten unterwegs, den ich mir während der Stadtrundfahrt in Bergen zur Brust nehme. Ihm erkläre ich, dass es nur zwei Möglichkeiten gibt: entweder er leiht Geld oder wir müssen den Reiseabbruch organisieren. Gott sei Dank entscheidet er sich zweitausend Kronen locker zu machen. Besser als nichts, aber ich schicke schon ein Stoßgebet zum Himmel, dass das reichen wird. Nun ja, wir müssen abwarten. Erstmal einschiffen. Gott sei Dank läuft dabei heute alles problemlos.

MS Nordkapp, 17. August

Kliniktag. Ich habe mich mit dem Gast um 9:30 Uhr verabredet um das Schiff zu verlassen. Mein Kollege kümmert sich währenddessen um die zwei noch fehlenden Koffer, denn auch die sind bislang noch nicht aufgetaucht. Gefunden sind sie, aber wie üblich geht jetzt das Chaos los, wo sie denn ans Schiff geliefert werden. KLM und Eurowings teilen uns mit, dass die

Koffer heute Abend in Ålesund eintreffen werden. Wir sind gespannt.

Mit dem Taxi geht es zur Klinik. Da wir ja immer noch keine Wirkstoffliste der Medikamente haben, macht es am meisten Sinn, gleich zum Krankenhaus und nicht zum Arzt zu fahren, denn wenn wir die Liste nicht bekommen, müssen alle Untersuchungen vorgenommen werden, um sie in Norwegen neu zu verschreiben. Gleich dreihundert Kronen gehen für das Taxi drauf. Noch siebzehnhundert. Himmel, lass es reichen. Natürlich müssen wir warten. Das kann ich heute ganz relaxt, denn wir haben ja neun Stunden Zeit, eine Wohltat im Vergleich zu sonstigen Legevaktbesuchen an der Strecke. Aber so, wie es dann immer ist, kommen wir natürlich nach fünf Minuten dran. Zeit wieder beim Hausarzt anzurufen, was denn jetzt mit der Liste ist. Nach erneutem hin und her faxt die Praxis sie endlich ans Krankenhaus. Wenigstens einen Schritt weiter. Die Ärztin sucht zügig die entsprechenden norwegischen Präparate heraus und wenig später befinden wir uns in der klinikeigenen Apotheke. Jetzt kommt's drauf an. Was werden die sechs Medikamente kosten. Eine gefühlte Ewigkeit dauert das Einscannen. Ich könnte in die Luft springen, als 675 Kronen auf der Anzeige erscheinen. Halleluja! Der Reiseabbruch ist verhindert. Dann werden wir ja jetzt wohl auch die Tasche irgendwie zu uns bekommen. Hoffe ich.

Zunächst einmal zurück nach Ålesund. Es sind noch fünf Stunden bis unser Schiff zurück ist. Sozusagen ewig. Es bleibt mir also nichts übrig als mich mit dem Gast, der auch noch gehbehindert ist, für fünf Stunden auf eine Bank zu setzen und zu warten. Wie lang da fünf Stunden werden können. Was könnte man nicht alles in so einer langen Zeit machen. Wenigstens strahlt die Sonne vom Himmel, so dass man das Kampfsitzen für zehn Schritte ab und zu unterbrechen kann. Nun ja, am Abend ist unser Schiff in Sicht und der Regen kann sich immerhin dazu durchringen, erst jetzt vom Himmel zu fallen. Noch nie war ich so ungeduldig zu warten, bis endlich die Gangway runter ist. Außerdem hängt mein Magen zwischenzeitlich gen Boden und da meine Essenssitzung bereits läuft, darf ich heute in die letzte Sitzung um halb neun umziehen. Gut, dass die Bordcafeteria ein umfangreiches Schokoladensortiment führt. Mit vierhundert Gramm sollten sich die nochmal zwei Stunden überbrücken lassen. Waage? Egal!

MS Nordkapp, 18. August

Kaum ist das Thema Medikamente passé, ist das Thema Tasche wieder aktuell. Das Thema Koffer außerdem. Einer der verlorenen wurde gestern in Ålesund geliefert, zumindest ein Gast kann sich ab jetzt über die Nutzung seiner eigenen Sachen freuen. Koffer zwei ist nach wie vor noch nicht aufgetaucht.

Dafür fragt aber Eurowings zum gefühlt hundertsten Mal per Mail, wo wir denn mit dem Schiff wann sind. Hallo? Was machen die mit den wiederholten Mitteilungen von mir, in denen ich schon den ganzen Fahrplan runtergebetet habe. Nachdem ich unsere heutigen Stopps also erneut übermittelt habe, sichert uns Eurowings die Lieferung noch heute in Trondheim zu. Dass das bis zwölf Uhr funktionieren soll, wage ich zu bezweifeln. Mein Kollege und ich machen uns also erstmal auf in die Stadt und überlegen, eine Kofferwette ins Leben zu rufen. Ja, wo kommt er denn nun?

Erst kurz vor Ablegen sind wir zurück aus der Stadt und einer hat es nicht geschafft, das Schiff rechtzeitig zu erreichen: der Koffer. Gästen mitzuteilen, dass ihr Gepäck immer noch nicht da ist, gehört wirklich zu meinen Lieblingsaufgaben. Logisch, dass sie nicht begeistert sind. Aber die Hoffnung stirbt ja bekanntlich zuletzt. Neue Mitteilung von Eurowings. Heute Abend in Rørvik, da wird es wirklich was. In all den Jahren habe ich noch nicht erlebt, dass ein Koffer in Rørvik geliefert wird, aber möglicherweise gehört Eurowings zu den Airlines der außergewöhnlichen Kofferanlieferungen. Auch Lost & Found gibt keinen Mucks von sich, was denn jetzt mit besagter Tasche ist. Also bleibt uns erst mal nichts anderes übrig, als mit den Gästen die Fahrt nach Rørvik zu genießen. Da das Wetter mitspielt, tummeln sich dann auch alle bis zum späten Nachmittag auf Deck sieben.

Pünktlich sind wir in Rørvik. Dreißig Minuten tickt nun die Uhr für unseren Lieblingskoffer. Währenddessen überlegen wir schon mal, wie wir es den Gästen sagen. Nach 25 Minuten ist immer noch nichts in Sicht. Als die Gangway hochgeht, überlegen wir uns zu würfeln, wer die frohe Botschaft überbringen darf. Aber wir machen es dann doch gemeinschaftlich und hoffen auf ein Wunder in Bodø.

MS Nordkapp, 19. August

Neuer Tag, neues Kofferglück. Wir lassen uns mal überraschen. Frisch in Bodø angelegt, gehe ich mit den RIB-Safari-Ausflüglern rüber zum alten Kai, denn auch heute will wieder jeder ein Foto von sich haben, nachdem er wie ein Michelinmännchen verpackt ist, bereit für den Saltstraumen-Ausflug. Mein Kollege geht unterdessen mit einigen unserer Gruppe in die Stadt und wir haben verabredet, dass ich später dazu stoße.

In Bodø ist heute förmlich der Bär los, denn es ist Wahlkampf in Norwegen. Also haben sich die Stände aller Parteien hübsch in einer Reihe aufgestellt, um Wähler für die Parlamentswahlen im September einzufangen. Beim dritten, der mich anquatscht, wechsele ich in den Modus, dass ich kein norwegisch kann. Zeit, meinen Kollegen anzurufen, um herauszufinden, wo er steckt. Das Telefon kann sich heute totklingeln, abnehmen?

Wozu denn. Dass ich zwanzigmal in der Kabine meines Kollegen anrufe, weil sein Handy sich nicht dort befindet, wo er sich aufhält, erfahre ich zwei Stunden später. Na wunderbar. Also beschließe ich, mich in die Sonne am Yachthafen zu setzen und eine Stunde zu relaxen. Kaum sitze ich aber, ist schon meine halbe Gruppe in Sicht, also relaxen wir zusammen. Wir sind uns wieder mal einig, dass Bodø eindeutig mehr durch seine Umgebung punktet, aber die Stadt keinen Blumentopf gewinnen kann, zumindest keinen großen. Auf dem Rückweg zum Schiff beglückt uns die Arbeiderpartiet mit allen roten Rosen, die sie noch in petto hat. Auch Wahlkämpfer wollen einmal Feierabend haben und Rosen lassen sich so schlecht über Tage hinweg in irgendeinen Karton verstauen. Glück für uns. Heute sind wir Rosenmädels. Am Schiff finde ich tatsächlich meinen Kollegen wieder, er hat sich also schon näher zu seinem Handy bewegt. Während wir noch auf die RIB-Safari-Rückkehrer warten, schwebt die Kofferfrage wieder im Raum. Hat es Eurowings nun endlich geschafft? Ja, sie haben. Das Wunder ist geschehen. So langsam ging uns auch die Kategorie „tröstende Worte für Gäste" aus.

Am Abend starten so viele wie nie zum Lofotenausflug. Alle, die teilnehmen, essen ja früher als sonst, heute aber besonders früh. Schon um halb fünf bittet das Restaurant zum Dinner. Da wir Reiseleiter wie gewohnt essen, weil wir den Ausflug nicht begleiten, haben wir ein wenig Ruhe um wieder mal das Thema Tasche anzupacken. Mittlerweile warte ich darauf, dass mir die Tasche nachts im Traum erscheint. Lost & Found hat geschrieben, welche Möglichkeiten wir haben, die Tasche nun endlich zum Gast zu befördern. Wir entscheiden uns für den norwegischen Paketservice, mit dem das Fundbüro zusammenarbeitet. Am Morgen habe ich mit dem Hurtigrutenterminal in Bergen telefoniert, ob es möglich ist, das Ganze dorthin liefern zu lassen. Natürlich geht es, aber nur nach dreizehn Uhr, da der Postmann sonst vor verschlossenen Türen steht. Beim Paketdienst geht es nun wiederum nicht, einen Lieferzeitpunkt auszuwählen. Außerdem sind die Fragen zum Paket so detailliert, dass es einer wissenschaftlichen Arbeit gleichkommt. Herr Gott noch mal, ist es nicht möglich ein Paket zu versenden ohne großen Schnickschnack? Einpacken können sie es natürlich auch nicht. Warum in aller Welt arbeitet das Fundbüro mit denen zusammen, wenn alles nicht geht. Also schreibe ich die x-te Mail an Lost & Found, wie das denn nun gehen soll. Die Antwort kommt ausnahmsweise schnell mit dem Hinweis, dass jemand in Oslo vorbeikommen müsse um das Einpacken und die Lagergebühr zu bezahlen. Ja, das ist wirklich praktikabel für uns. Alles, was mit öffentlichen Paketdiensten zusammenhängt, scheint flach zu fallen. Eine Alternative muss her und wir sind sehr gespannt, ob Lost & Found eine hat.

Bevor wir uns jedoch erneut mit dieser Sache beschäftigen, genießen wir am Abend den Aufenthalt in Svolvær. Das rosa

Lofotenlicht ist so zauberhaft, dass wir auf einen Sprung in die Stadt gehen und schon sind wir inmitten eines Sportereignisses. The Arctic triple findet hier heute statt, die Siegerin läuft nach fünfzehn Stunden und zwanzig Minuten ins Ziel. Mich könnte ja nichts dazu bewegen, eine solche Gewaltkombination aus Schwimmen, Laufen und Radfahren zu absolvieren, wahrscheinlich müsste ich für die angegebenen Distanzen drei Wochen einplanen. Beeindruckend, was die Teilnehmer hier geleistet haben.

Das großartige Licht hält sich auch noch am späten Abend, als wir durch den Raftsund und in den Trollfjord fahren. Kaum einer, der heute dieses Ereignis in der Kabine verschläft

MS Nordkapp, 20. August

Wo gestern noch Traumwetter war, schüttet es heute wie aus Kübeln. Keine zwei Schritte kann man gehen ohne bis auf die Haut nass zu sein. Dazu weht ein herrlich kräftiger Wind, also auch ein Schirm hat heute keine Chance dagegen anzustinken. Ein Tag wie geschaffen fürs Polarmuseum. Ich war schon lange nicht mehr drin, also gibt es heute eine Lehrstunde in Polarforschung. Das Polarmuseum gehört wirklich zu meinen Schlechtwetterlieblingen in Tromsø, die Ausstellung ist klein, aber fein und man kann sich wieder einmal daran erinnern, wie

Wissenschaft ging, ohne den ganzen Hightech-Klamottenkram. Pioniergeist war gefragt. Mein Pioniergeist beschränkt sich heute darauf, den Weg vom Schiff zum Museum zu schaffen ohne wie geduscht auszusehen. Unmöglich. Ich tropfe also eine hübsche kleine Pfütze in den Eingangsbereich des Museums, zusammen mit hundert anderen Pfützentropfern. Scheinbar hat sich halb Tromsø überlegt heute ins Polarmuseum zu gehen. Aber auch wenn es voll ist, genieße ich wieder einmal durch die Ausstellung zu schlendern. Herrlich.

Den Rest des Tages läuft alles wunderbar ruhig, die Gäste genießen die Reise und wir schieben das Thema Tasche so lange weg, wie die Antwort des Fundbüros aussteht.

MS Nordkapp, 21. August

Die MS Nordkapp am Nordkapp. Schön, dass sich unser Schiff heute mit selbiger Landmarke verständigt, dass gutes Wetter herrschen muss, wenn wir kommen. Der übliche Sommernebel hat sich heute wohin auch immer verzogen und der Globus strahlt uns mit freier Sicht an.

Am Abend in Berlevåg gibt es tatsächlich eine Vinkekonkurranse. Seit wann gibt es auf der MS Nordkapp eine Vinkekonkurranse. Habe ich was verpasst? Mir soll es recht sein, ich bin ja bekennender Fan des Spektakels. Entgegen kommt uns die MS Nordlys, eigentlich ja auch kein Winkeschiff, aber ich lasse mich gerne überraschen. Heute machen wir es in traditioneller Manier. Schon um 21 Uhr raffen alle Handtücher und Bettlaken zusammen. Perücken auf, Kostüme an. Als gebürtige Rheinländerin fühle ich mich ja immer an den dortigen Karneval erinnert - und liebe es. Wie üblich dauert es mal wieder ewig bis Miss Südgehend in Berlevåg an- und abgelegt hat. Wir behelfen uns so lange mit Partymusik. Die meisten Passagiere sind an Deck gekommen und feiern ausgelassen. Auf der Nordlys erwarten wir mindestens dasselbe, in der Regel telefonieren ja auch die Bordreiseleiter miteinander um das Spektakel zu verabreden. Wir sind also froher Erwartung. Endlich legt die Nordlys in Berlevåg ab, während wir schon eine gefühlte Ewigkeit auf der Barentssee schwimmen. Und endlich kommt sie, die Nordlys. Moment mal, wo sind denn die Passagiere? Ein Geisterschiff kommt uns entgegen. Kein Mensch an Deck zu sehen. Wahrscheinlich fragen die sich auf der Nordlys, was denn da für ein Partyschiff vorbei kommt. Also eindeutiger konnten wir den Winkewettbewerb nicht gewinnen. Morgen Abend ist die MS Finnmarken unser Gegner. Das wird dann ja hoffentlich nicht so ein Trauerspiel wie heute.

Wir sind wieder in Kirkenes. Heute habe ich vor Neues zu entdecken. Das muss doch auch in Kirkenes möglich sein. Habe ich mir die Stadt des Wendepunktes eigentlich jemals bewusst angeschaut? Nein. Da muss doch das ein oder andere Sehenswerte sein. Wenigstens sehenswert auf Sparflamme. Meistens gehe ich ja den gleichen Weg. Zeit um heute von ihm abzuweichen, wenn auch nicht um Meilen. Auf dem Marktplatz steht ja ein Kriegsdenkmal. Überhaupt ist Kirkenes ein einziges Kriegserinnerungstrauerspiel. Aber Geschichte kann man nun mal nicht ändern. Das Denkmal auf dem Marktplatz ist aber wirklich gelungen. Ich gebe zu, dass ich es mir noch nie so bewusst angeschaut habe. Heute tue ich es. Die Mutter mit ihrem Jungen ist außerordentlich herzzerreißend gestaltet. Man kann wirklich die ganze Angst und das ganze Leid des Krieges in einen Gesichtsausdruck fassen. Beeindruckend.

Vom Marktplatz biege ich diesmal in die Parallelstraße ab. Dort steht auch die Kirche der Stadt. Von außen kein Schmuckstück, deshalb gehe ich heute mal hinein um sie von innen zu begutachten. Ja, da ist sie ganz hübsch gelungen. Man wird eben bescheiden, wenn man in Kirkenes weilt. Gleich nebenan befinden sich das russische Generalkonsulat und die Post. Vor beiden Gebäuden umschlingt ein Bär den Laternenpfahl. Der freundliche steht natürlich vor der Post, während der vor dem russischen Generalkonsulat den Eindruck macht, als wollte er einen gleich zerfleischen. Ich enthalte mich natürlich jeder Wertung.

Gerade noch schwelge ich in meiner neuen Kirkeneserfahrung, als die Tasche wieder in unser Tourleben tritt. Nachdem das ja mit dem ganzen Paketservicezauberkram von wenig Erfolg beschieden war, ist ein neues Licht am Horizont. Lost & Found bietet an, die Tasche per Post zu schicken. Lediglich Kreditkartendaten brauchen sie, um die Lagergebühr zu belasten, das Paket zu verpacken und das Porto ebenfalls in Rechnung zu stellen. Wir finden am sinnvollsten die Tasche zu diesem fortgeschrittenen Tourzeitpunkt dem Gast nach Hause schicken zu lassen und der Reisebegleiter des Gastes erklärt sich bereit seine Kreditkartendaten herzugeben. Alles paletti. In so etwas wie Euphorie schicke ich alles per Mail zum Fundbüro, das Taschending wird jetzt wohl endlich erledigt sein. Denken wir.

Am Abend in Berlevåg Vinkekonkurranse die zweite. Die Finnmarken ist ja das Mega-Winkeschiff und ich frage sicherheitshalber schon mal bei der Bordreiseleitung nach wie das denn heute Abend läuft. Ernüchterung. Wir hatten doch schon gestern. Ich habe die vage Ahnung, dass uns heute ein ähnliches Schicksal ereilen wird wie gestern die Nordlys. Geisterschiff und so.

Diesmal brauchen WIR ewig beim An- und Ablegemanöver. Die Finnmarken schwimmt schon draußen. Ja und dann nehmen wir Kurs Süd, die MS Finnmarken nähert sich. Von dort tönt Partymusik zu uns. Auf unserem Schiff gerademal ein paar Mann an Deck. Einige von unserer Gruppe schwenken tapfer weiße Handtücher. Jesus Maria, was sind wir für ein Lahmkahn heute. Drüben rockt das Schiff und bei uns herrscht Schnarchstimmung. Wahrscheinlich denkt man drüben das gleiche wie wir gestern. Wo sind die alle. Wir machen hier Party und sind bereit fürs winken und drüben tut sich nix. Die Nordkapp liegt im Tiefschlaf. Wie war das noch mit den Verabredungen der Bordreiseleiter? Auf nichts kann man sich mehr verlassen.

MS Nordkapp, 23. August

Auch in Hammerfest ist es heute mal Zeit für was Neues. Den Aussichtspunkt Salen bin ich ja schon etliche Male hochgelaufen, heute probiere ich den Weg aus, der am Friedhof von der anderen Seite den Berg hinaufführt. Für mehr als ein Drittel reicht mein Elan heute allerdings nicht, nur mal gucken, wie die Aussicht von hier ist. Und sie ist wirklich wunderbar. Die ganze Stadt und die Bucht liegen einem zu Füssen.

Am Abend gibt es ein kleines Highlight. Nach der Modenschau, die häufig am Abend des Mitternachtskonzertes stattfindet, gibt es danach heute eine Versteigerung zu Gunsten der Hurtigruten-Foundation. Die Objekte der Begierde liegen schon bereit, wobei für mich das interessanteste die Postschiff-Flagge ist, die am Heck gehisst ist. Auch mein Kollege schielt schon drauf. Natürlich kommt sie als letztes dran. Der Biet-Enthusiasmus hält sich bei allem, was vorher versteigert wurde, in Grenzen. Wahrscheinlich warten alle auf die Flagge. Ich gebe also gleich mal das Startgebot von fünfhundert Kronen ab. Es steigert sich ruckizucki bis tausend Kronen. Ok, das war es dann für mich, tausend Kronen waren meine Schmerzgrenze. Beherzt steigt aber mein Kollege ein und schaukelt sich mit einem anderen Gast bis auf achtzehnhundert hoch. Wir haben sie. Nein, da klingt ein „zweitausend" herüber. Ein Brite will doch tatsächlich dieses Ding haben. Schon heißt es: zum ersten, zum zweiten. Hm, soll ein Brite mit der Flagge nach Hause fahren? Mein Kollege unternimmt einen letzten Versuch und erhöht auf 2.200. Yessssss, jetzt haben wir sie. Zuschlag erteilt. Unsere Gruppe positioniert sich auch gleich zum gemeinschaftlichen Foto mit der Flagge. Ab morgen wird sie unser Reiseleiter"büro" schmücken.

Der immer wiederkehrende Highlighttag neun. Da ich in all den Reisen bislang in Risøyhamn noch nie draußen war, beschließe ich, dass es heute an der Zeit ist. Den Aufenthalt von einer viertel Stunde kann man ja wirklich nicht ausgedehnt nennen, aber für den Gang zum Königstein reicht es. Zumal wir heute fünfzehn Minuten früher anlegen. Der Königstein wurde aufgestellt, um an die Eröffnung der Risøyrenna zu erinnern. Auf einen Sprung gehe ich noch in die Galerie von Dick Monshouwer, einem Niederländer, der seit Jahren hier lebt und Bilder und handgefertigten Schmuck verkauft. Aber es ist Shopping im Schnelldurchgang. Viel zu wenig Zeit um sich alles anzuschauen. Jedenfalls kann man hier ganz besonders schnell ganz besonders viel Geld loswerden. Ein paar von unserer Gruppe machen auch tatsächlich Galoppshopping. Es gibt wohl kaum jemand, der so viel Umsatz in so kurzer Zeit verbuchen kann. Aber die Sachen sind ihr Geld wert. Das arme Kartenlesegerät schafft es kaum, den geballten Ansturm zu verarbeiten und läuft zu sportlicher Höchstform auf. Beim letzten Bezahlvorgang hornt unser Schiff bereits. Gut, dass es nur fünfzig Meter bis zur Gangway sind.

In Sortland habe ich heute mal die Gelegenheit für einen Brückenbesuch. Seit die Sicherheitsbestimmungen gestrafft wurden, ist das auch für uns Reiseleiter nicht mehr selbstverständlich beim Kapitän vorbei zu schauen. Heute zählen ein paar Gäste unserer Gruppe zu den Glückspilzen. Bei einem runden Geburtstag wird eben manchmal eine Ausnahme gemacht. Allerdings nur, wenn das Schiff am Kai liegt. Ja, an den Ausblick von hier oben könnte man sich gewöhnen. Ich bin ja jedes Mal wieder fasziniert von den ganzen Knöpfen, für Technik habe ich sowieso ein besonderes Faible. Das ein oder andere Sitzpolster hier oben bedarf allerdings mal einer Überarbeitung. Der erste Offizier muss sich aktuell mit Kunstleder zufrieden geben, dass designschön von Klebeband zusammengehalten wird.

In Stokmarknes machen sich mal wieder viele auf ins Hurtigrutenmuseum und während mein Kollege und ich vor dem Ausstellungsraum warten, um den Weg zur alten MS Finnmarken zu weisen, kommen die ersten bereits wieder die Treppe herunter und fragen uns, wo denn das Museum ist. Soll das eine Scherzfrage sein? Na, da! Kann man das übersehen? Man erzählt uns, dass man bereits im ganzen Treppenhaus umhergeirrt ist. Auf unsere Antwort, dass man im dritten Stock zum alten Schiff gelangt, entgegnet man uns nur, dass so ein alter Kahn doch uninteressant ist. Also das habe ich noch auf keiner Reise gehört. Bevor uns noch mehr fragen, wo denn das Museum ist, flüchten wir nach draußen und gönnen uns auf den Schreck ein Softeis. Nervennahrung. Gut, dass die Tasche im Moment Ruhe gibt.

Die Tasche, Teil 185! Wieder erreicht uns eine erfrischende Mail von Lost & Found, dass man den von uns gewählten Postservice vorläufig nicht anbieten könne, möglicherweise nach dem 5. September. Ist so etwas möglich? Seit elf Tagen beschäftigt uns dieses Objekt. Wo wir anfangs noch dachten, dass es kein Problem sei, die Tasche nach Bergen schicken zu lassen, scheint jetzt auch die Lieferung nach Hause ein Problem zu sein. Wunderbar, dass sich der Hausschlüssel drin befindet. Also starten wir die Aktion „Verwandte anrufen". Irgendwie muss der Gast ja nach der Reise in seine Wohnung kommen. Ich brauche wohl nicht sagen, dass sich auch der einzige Verwandte im Moment im Urlaub befindet. Wir glauben nun endgültig, dass sich in dieser Sache alles gegen uns verschworen hat. Immerhin können wir einen Nachbarn ausfindig machen, der im Besitz eines Schlüssels ist. Problem abgewendet.

In punkto Taschenversand wissen wir jetzt auch keinen Rat mehr, denn der 5. September liegt hinter dem Ende unserer Tour und entsprechend muss der Gast sich dann selber kümmern. Letzte Variante: wir schicken den ganzen Emailverkehr an das Reisebüro des Gastes, die Sachbearbeiterin dort wird wahrscheinlich vor Begeisterung in die Luft springen. Aber es soll ja auch noch jemand anders etwas von dem Vorgang haben. Auf die Mitteilung von uns an Lost & Found, dass sich jetzt das Reisebüro des Gastes um den Vorgang kümmern muss, erhalten wir eine entzückende automatische Email, dass die Emailadresse des Fundbüros nicht mehr aktiv ist. Ohne Worte!

Wenigstens haben wir bei dem Schmuddelwetter draußen eine Beschäftigung. Auch die Gäste hält es heute drinnen, nur wenige schleppen sich raus zum Lebertran, gefolgt von Diskussionen etwas später, ob man den Löffel denn nicht irgendwo kaufen kann. Ja, wer nicht rausgeht, muss eben ohne Löffel nach Hause fahren.

Am Abend in Rørvik treffe ich wieder einmal jemand aus den sozialen Netzwerken. Virtuell goes real. Immer wieder schön, wenn so etwas funktioniert. Zuweilen verliere ich den Überblick, wen ich denn wo an der Strecke treffen soll. Und wenn schon mal die Kong Harald neben uns liegt, kann man auch gleich rüber gehen. Vielleicht ist ja jemand da, mit dem man einen kurzen Schnack halten kann. Und siehe da: das Expeditionsteam der Nordnorge befindet sich jetzt auf der Kong Harald. Ab und zu dreht sich das Schiffsbesatzungskarussell. Also feiern wir Wiedersehen im Schnelldurchgang mit der Uhr im Nacken, aber besser als nichts.

MS Nordkapp, 26. August

Was für ein Segen kann es sein, wenn die Taschenbeschäftigung passé ist. Zusätzlich liegt heute Morgen in Trondheim die MS Lofoten neben uns. So ziemlich unsere ganze Gruppe steht Spalier um sich die alte Dame von innen anzugucken. Wir überfallen sie förmlich. Und den ganzen Shop kaufen wir auch leer. Wir haben heute wieder mal etwas von Heuschrecken. Aber Umsatz hat ja bekanntlich noch niemandem geschadet.

Nach unserer Abfahrt in Trondheim plätschert der Tag so vor sich hin und wir genießen mit den Gästen die Fahrt nach Kristiansund. Viele von unserer Gruppe starten hier zum Ausflug zur Atlantikstraße. In Molde dreht Norwegen in punkto sensationelle Stimmungen noch einmal voll auf. Ja, die Tage sind schon deutlich kürzer jetzt und im letzten Sonnenlicht erstrahlen die Romsdalsalpen, darüber die wunderschöne Silhouette des Mondes. Als wir ablegen, kommt uns die MS Midnatsol entgegen, die zauberhaft im Mondlicht glänzt. Ja, das sind Herzensmomente.

MS Nordkapp, 27. August

Abreisetag mit Neuerungen. Das neue Terminal am Flughafen in Bergen ist eröffnet und wir sind gespannt, wie das denn da alles so laufen wird. Ja, das ist immer ein Stressfaktor, wenn man als Reiseleiter selbst nicht weiß, wo was ist am Flughafen. Da heißt es blitzschnell die Halle scannen, damit man nicht völlig orientierungslos umherläuft. Gott sei Dank haben wir von Kollegen schon einige Hinweise erhalten. Die Warnung, dass man sich jetzt vor der Sicherheitskontrolle einen Stempel geben lassen muss, wenn man eine Mehrwertsteuerrückerstattung wünscht, beherzigen wir jedenfalls. Ungefähr siebzigmal hören wir von dem Zollbeamten, es sei kein Stempel nötig. Der Stempel des Schiffes auf den Kassenzetteln scheint so etwas wie eine Generalvollmacht zu sein. Die Abflughalle ist riesig geworden und ich habe die Hoffnung, dass die Automaten, an denen man die Bordkarten ausdruckt, jetzt funktionieren. Sind ja immerhin alles neue. Aber denkste. Das übliche KLM-Automatenproblem ist mit umgezogen. Alte Schwierigkeiten im neuen Gewand. Ab zum Schalter also. Die Sicherheitskontrolle ist besonders gründlich geworden. Gibt es irgendjemand von unserer Gruppe, der sein Gepäck nicht umpacken muss? Nein. Dabei werden natürlich auch wieder etliche Gläser Moltebeerenmarmelade einkassiert. Warum sage ich eigentlich jedes Mal, dass die in den Koffer müssen. Jedenfalls können die Mitarbeiter der Flugsicherheit diesmal ein Exportgeschäft für den Brotaufstrich eröffnen. Auch eine Nebenverdienstmöglichkeit. Gefühlt endlos dauert es, bis alle durch den Check durch sind. Zur Wanderung an die Gates für Auslandsflüge beteilige ich mich dann allerdings nicht mehr. Ja, die Strecke ist ziemlich weit geworden und ich darf es mir heute am ersten Gate bequem machen um meinen Flug nach Oslo zu nehmen. Feierabend.

Social Media Marathon oder:

in jedem Hafen ein Date

Oslo, 05. September

Die neue Tour steht an und diesmal gehöre ich auch zu denjenigen, die zum Tourstart anreisen müssen. Wir empfangen die Gäste bereits in Kiel um zur großen Norwegen-Panoramareise zu starten. Ich fliege mit Eurowings zunächst nach Hamburg und mir kommt das Kofferdrama der letzten Tour in den Sinn. Direktflüge sind, wie ich ja jetzt weiß, bei dieser Airline kein Garant dafür, dass mein Koffer sich ans selbe Ziel begibt wie ich. Zu diesem Zeitpunkt weiß ich noch nicht, dass auch mir eine kleine Episode mit Eurowings bevorsteht. Von Hamburg nehme ich den Kilius, den Fernbus nach Kiel. Auch meine Kollegin reist heute an und da wir noch nie zusammen gefahren sind, wollen wir uns natürlich am Abend schon einmal beschnuppern. Ich muss sagen, dass Hamburgs Airport nicht gerade durch Übersichtlichkeit glänzt. Hinweisschilder für die Fernbusse? Warum das denn. Glücklicherweise kann man sich ja durchfragen und eine Stunde später geht es Richtung Kiel. Ok, die Fahrt ist landschaftlich nicht der Hit, Gott sei Dank geht sie schnell rum. Mein Koffer ist diesmal so schwer, dass ich ihn jetzt schon verfluchen könnte. Und das Rollen desselben ging auch schon mal besser. Kein Wunder, denn Eurowings hat es geschafft gleich eine ganze Ecke des Gepäckstücks samt Rolle herauszureißen wie ich später feststelle. Das Material ist so nett noch bis zum Hotel zu halten. Einmal geflogen und der Koffer ist hin, das ist mein bisheriger Rekord. Natürlich rufe ich bei Eurowings an, wo mir höflich erklärt wird, dass ich doch innerhalb von drei Tagen nach Hamburg kommen soll um den Schaden registrieren zu lassen. Vielen Dank. Das fällt unter nicht praktikabel. Um das Ding notdürftig zu reparieren, kaufe ich die größte Rolle Paketband, die ich finden kann, und umwickle das Leck großzügig. Nicht schön, aber zumindest hält es. Hoffentlich bis zum Ende der Tour.

Kiel, 06. September

Die Gäste kommen. Wir haben uns im Colorlineterminal an unserem Schalter drapiert, bereit die Bordkarten auszugeben. Heute stehen alle schon so früh an, dass wir das Gefühl haben, die Gäste haben vor dem Terminal übernachtet. Aber sehr erfreulich, dass um 12 Uhr bereits die gesamte Gruppe bei uns eingecheckt hat. Das gibt so ein entspanntes Gefühl und es

186

freut uns außerordentlich, dass wir damit keinen Teilnehmer zur Fahndung ausschreiben müssen um ein eventuelles Schiffverpassen zu verhindern. Löblich. Auf der Colorline verläuft sich ja erst einmal alles und erst beim Begrüßungscocktail können wir anfangen uns zum ersten Mal die Gesichter einzuprägen. Pünktlich zum Auslaufen in Kiel regnet es. Och neeeeee. Mit ausgiebigem Genuss der Kieler Förde wird das dann heute wohl nichts. Immerhin sind wir zum Begrüßungscocktail im Konferenzcenter. Ist ja auch schön, wenn man die Teilnehmer sehen kann und sie nicht hinter einer Wand verborgen sind wie in unserem ungeliebten Ersatzraum, der Disco. Heiteres Gästeraten bleibt uns also heute erspart. Diesmal müssen wir uns die Gesichter sowieso schneller als sonst einprägen, denn unser Rettungsanker fällt diese Tour weg: unsere Gruppenschlüsselbänder. Das praktische Gruppenerkennungshilfsmittel muss diesmal dem Gehirntraining weichen.

Oslo, 07. September

Oslo empfängt uns mit schönem Wetter. Verschnaufen ist aber nicht drin, denn wir starten gleich zur Bergenbahn. Auf dem Vorplatz des Terminals steht unser Porterservice bereit, der unser Gepäck nach Bergen bringt und auch unsere Transferbusse warten dort. Die Colorline leert sich zügig, so dass unsere beiden Busse schnell voll sind. Also durchzählen und los.

Doch es fehlen sieben. Wir warten einige Zeit, aber niemand verlässt mehr das Terminal. Ich ahne etwas. Im Nebenbus, der nicht zu uns gehört, frage ich mal in die Runde, ob dort jemand mit der Gruppe 022 reisen will. Sieben Hände zeigen auf. Ja, immer schön gucken, was vorne am Bus angeschlagen ist. Also umziehen und ab zum Bahnhof.

Die Platzreservierungen für die Bergenbahn verteilen wir Reiseleiter ja schon immer bei den Reisevorbereitungen. In unseren Unterlagen sehen wir schon im Vorfeld, wer zusammen reist und berücksichtigen das natürlich. Dieses mal gar kein so leichtes Unterfangen, da unsere Gruppe ein Sammelsurium an Einzelplätzen ergattert hat, und das auch noch gleich auf drei Waggons verteilt. Aber wir tun ja immer unser bestes. Für uns wird es immer dann schwierig, wenn ursprünglich nicht zusammenhängende Gäste auf der Colorline bereits eine urlaubsfreundschaftliche Bande knüpfen und dann unbedingt zusammen sitzen wollen. Hiiiiiiilfe. Tauschroulette am Osloer Hauptbahnhof. Ich weiß bis jetzt nicht, wie wir hinbekommen haben, dass dann letztendlich alle mit ihren Plätzen zufrieden sind.

Endlich können wir die Fahrt genießen. Die Herbstfärbung der Bäume ist erst schleppend in Gang gekommen, aber man sieht, dass der Wechsel der Jahreszeiten begonnen hat. Nicht mehr lange und die Natur wird bunt strahlen. Je näher wir allerdings

Bergen kommen, umso schlechter wird das Wetter. Sollten wir heute in den Genuss eines typischen Bergentages kommen? Zunächst scheint sich der Himmel zurückzuhalten. Das kommt uns sehr gelegen, da es wahrlich kein Spaß ist, die Koffer vor dem Hotel im Regen vom Porterservice entgegen zu nehmen. Das Clarion Admiral platzt heute aus allen Nähten. Vier Gruppen, die zeitgleich einchecken, und alle zweihundert Koffer kommen ebenfalls zeitgleich an. Das Ausladen nimmt kein Ende und alles wuselt herum um seinen Koffer aus der Menge zu fischen. Der Himmel behält seine Schleusen zu. Er öffnet sie lieber in dem Moment, als alle sich aufmachen die Stadt anzuschauen. Perfektes Timing. Trotzdem gehen natürlich viele rüber ins Hanseviertel um schon einmal erste Eindrücke zu gewinnen. Und es schüttet konsequent weiter, den restlichen Tag lang. Zeit für ein gutes Essen. Ja, als Reiseleiter wird man eben ein bisschen dekadent. In drei Wochen ist man ja spätestens sowieso wieder hier. Und möglicherweise ist dann besseres Wetter. Schluss für heute also.

Bergen, 08. September

Na Gott sei Dank, die Sonne zeigt sich gnädig. Viele von uns nutzen den freien Vormittag um den Fløyen zu erobern. Nicht nur, dass der Blick generell fantastisch ist von dort oben, auch das Licht ist dort am Vormittag besonders günstig um die Stadt von oben zu fotografieren. Am Mittag kann man in der Hotelhalle kaum treten. Natürlich starten alle vier Gruppen, die gestern angekommen sind, fast zeitgleich zur Stadtrundfahrt. Es geht zu wie in einem Bienenkorb und wir fühlen uns schon wie Verkehrspolizisten, winkend um jeden in den richtigen Bus zu bugsieren. Wahrscheinlich ist das Hotel froh, als wir alle weg sind.

Am Abend bei der Einschiffung muss ich mich erst einmal selbst orientieren. Über ein Jahr war ich nicht mehr auf der Finnmarken. Kommt mir vor wie ein neues Schiff. Für fünf Minuten, dann ist alles wieder wie gewohnt. Die Finnmarken gehört wirklich zu meinen Lieblingsschiffen. Vor allem, weil es am Bug so viel Platz gibt. Kein Gedrängel, kein Gestapel. Vor allem bei Nordlicht ein Fest. Außerdem mag ich, dass das ganze Schiff im Jugendstil eingerichtet ist, das hat so etwas wohlig Warmes. Mein persönliches Highlight sind aber die Karikaturen von Dagfinn Bakke, die in allen Treppenhäusern aushängen und das Hurtigrutenleben zeigen. Die nächsten elf Tage werden wir etliche Male stehen bleiben und uns über die dargestellten Szenen schlapp lachen.

Herbstzeit heißt Hjørundfjordzeit. Endlich. Ich muss ja sagen, dass ich den kleinen schnuckeligen Fjord viel lieber mag als den Geirangerfjord, weil er viel enger und längst nicht so touristisch überlaufen ist. Und der Wettergott ist uns auch gnädig. Heute gibt es eine wahre Flut von Ausflüglern. Es gibt was Neues im Programm. Ein zusätzlicher Ausflug führt die Gäste zum Geirangerfjord, da kann man also gleich mal beide Fjorde begutachten. Rundumsorglospaket. Dementsprechend stürmt heute alles in die Tenderboote. Da wir sowieso noch Organisatorisches zu erledigen haben, beschließen wir das letzte Boot zu nehmen. Ein bisschen an Land rumspazieren, auch ohne Ausflug, ist was fürs Herz. Aber zunächst die üblichen Tag-zwei-Regelungen. Das ein oder andere kleine Manko in der Kabine, Änderung von Essenszeiten, Platzänderungen. Ja, Tag zwei ist immer ein bunter Strauß von: wir wollen aber gerne was anderes.

Ein Tenderboot nach dem anderen fährt voll besetzt an Land, noch schnell einen Happen essen und runter auf Deck drei, von dort aufs Autodeck und schließlich aufs Tenderboot. Aber nein, heute sind nahezu alle Passagiere an Land gefahren und es ist jetzt schon kniffelig, alle wieder an Land zu bekommen, bevor wir weiter fahren. Für uns Reiseleiter wird es also heute nichts mit dem Landgang. Dafür haben wir das Schiff zwei Stunden für uns. Und auch von hier ist der Blick in den Hjørundfjord überwältigend. Die Wolken hängen in den Gipfeln. Schon ein Hauch von Herbstfarben ist sichtbar. Arbeitsplatz deluxe.

MS Finnmarken, 10. September

Heute ist ein besonderer Tag in Trondheim, aber das wissen wir noch nicht. Zunächst einmal heißt es, dass der Besuch des Nidarosdoms während der Stadtrundfahrt ausfällt, weil dort eine Bischofsweihe stattfindet. Mich kümmert das nicht sonderlich, da ich sowieso nie in den Dom gehe, aber für die Gäste ist es natürlich ärgerlich. Kurze Zeit später wird es schon interessanter: der König wird anwesend sein. Ich meine in Oslo habe ich ja öfter mal die Gelegenheit, die Königsfamilie zu fotografieren, in Trondheim noch nie. Um 11 Uhr soll es losgehen im Dom, also stiefeln wir um kurz vor zehn Richtung andere Seite der Stadt, das Teleobjektiv im Gepäck. In Norwegen ist die Königsfamilie ja sehr volksnah und von großen Absperrungen ist meistens nichts zu sehen, aber man kann ja nie wissen. Wenig später sind wir am Dom und außer einem ausgelegten roten Teppich ist nichts zu sehen. Jubelnde Menge? Fehlanzeige. Das wird ja ein Trauerspiel, wenn der König aufmarschiert, aber vielleicht tut sich noch was. Mittlerweile haben sich auch einige von unserer Gruppe am Dom eingefunden und kämpfen mit ihren zwei Wünschen: König oder

Trondheim sehen. Beides ist heute wohl nicht vereinbar. Während die Gäste noch mit ihrem persönlichen Interessenschwerpunkt kämpfen, suchen wir uns schon einmal den besten Platz an der Absperrung aus. Naja, Absperrung kann man das wohl nicht nennen, lediglich ein gespanntes Seil trennt uns vom gekrönten Haupt.

Kurz vor elf ist es dann so weit. Ein paar Leibwächter laufen aufgeregt umher, der rote Teppich wird noch einmal von möglichen Stolperfallen befreit. Der König marschiert auf. So normal, so unscheinbar, so wie das in Norwegen ist. Das macht ihn gleich nochmal so sympathisch. Kameras klicken, die Schaulustigen jubeln und dann ist es auch schon vorbei und seine Majestät verschwindet ins Innere der Kirche.

Zeit für einen gemütlichen Walk zurück zum Schiff, da bleibt sogar noch Zeit für ein bisschen Sightseeing. Mit den Gästen, die mit uns am Dom verblieben sind, marschieren wir zum kleinen Aussichtspunkt im Kanalhafen und genießen den Ausblick.

Am Abend in Rørvik das erste Treffen meines Social-Media-Kontakt-Kennenlernmarathons während dieser Tour. Zwei Norwegenfans machen Urlaub hier und kommen extra für einen Plausch zum Schiff. Schön, dass es in Strömen regnet. Und zwar richtig in Strömen. Keine zwei Schritte kann man gehen ohne nicht nass geregnet zu sein. Gleichzeitig liegt die MS Nordnorge neben uns, auf der eine Kollegin von mir ist, mit der ich mich auch unbedingt treffen muss. Also nehme ich die beiden Norwegenurlauber kurzerhand mit hinüber, man muss eben praktisch denken. Nach einer halben Stunde ist die Plausch-Sause auch schon vorbei. Ja, Rørvik nordgehend ist nicht die beste Option für ausgiebige Treffen. Trotzdem: schön war´s.

MS Finnmarken, 11. September

Parlamentswahl in Norwegen. Die Gäste finden das eher weniger spannend, aber ich bin extrem neugierig, wie die Wahl ausgehen wird. Vor 21 Uhr wird sich wohl aber eher nicht mit einem Ergebnis rechnen lassen.

Wir nähern uns Bodø. Hier habe ich per Zufall den kleinen Ableger des Eisbärenclubs ausfindig gemacht: den Seeadlerclub. Jeder, der mich kennt, weiß, dass ich immer sofort dabei bin, wenn irgendwo Seeadler auftauchen, und deshalb finde ich es angemessen, dort Mitglied zu werden. Gleich an der Touristeninformation soll er sein. Die Aufnahmebedingungen sind die gleichen wie beim Eisbärenclub: man muss persönlich vorbei kommen um die Mitgliedschaft zu beantragen. Für die einmalige Gebühr von zweihundert Kronen erhält man eine Urkunde und eine hübsche Anstecknadel. Zwar muss ich gestehen, dass ich in Bodø selbst noch nie einen Seeadler gesehen habe, aber in der Umgebung leben sie in Scharen und sind auch mir schon oft vor die Linse geflattert.

Weiter geht es über den Vestfjord und als wir am Abend Stamsund verlassen, ist das Licht so atemberaubend, dass man einfach draußen stehen muss. Das tun auch so ziemlich alle und ich befürchte schon, dass wir gleich über Bug sinken werden. Alle haben die Kamera gezückt um die fabelhafte Wolkenstimmung einzufangen. Die Gipfel sehen aus wie von Zuckerwatte umhüllt. Zeitweilig wirkt es so, als würden die Wolken nach den Bergen greifen. Lofotenglückseligkeit.

In Svolvær findet mein nächstes Social Media Treffen statt. Wieder zwei Urlauber, die ein paar Schiffe vor uns mit der Hurtigrute bis hierher gefahren sind und jetzt weiter per Auto das Land erkunden. Schon dunkel in Svolvær. Ja, die Nächte werden länger. Wir plaudern vor dem Schiff und schauen in die sternenklare Dunkelheit. Es riecht nach Nordlicht. Die Saison hat dieses Jahr bereits besonders früh begonnen, schon Ende August waren die ersten Polarlichter ganz im Norden zu sehen. Vielleicht haben wir heute Glück. Im Raftsund war mir selbiges schon oft beschieden.

Zunächst segeln wir gegen den aufgehenden Vollmond, der wunderschön über uns thront. Bei der Einfahrt in den Trollfjord ist es wie gewohnt mucksmäuschenstill. Als wir wieder hinausgleiten, ein zarter Schein am Himmel. Ist es Nordlicht? Das menschliche Auge kann sich ja nicht gerade in punkto Farben sehen rühmen, wenn es dunkel ist. So manche Wolke wird da gerne mal als Nordlicht identifiziert. Aber nein, es wird grüner. Es ist tatsächlich Nordlicht. Andächtiges Schweigen auf dem Schiff. Obwohl ich ja schon wirklich oft Nordlicht gesehen habe, ist es doch immer wieder besonders, wenn nach der langen Zeit der Mitternachtssonne der erste grüne Streif am Horizont auftaucht. Da Weitwinkelobjektiv und Stativ zuhause weilen, genieße ich diesmal mit den Augen. Fabelhaft. Einen besseren Tagesabschluss hätten wir uns kaum wünschen können.

MS Finnmarken, 12. September

Tromsø heute im Renovierungsmodus. Ich meine, ich kenne das ja schon von den Norwegern, dass sie ihre Dauerbaustellen lieben, aber in Tromsø übertreiben sie es gerade. Die Bürgersteige sind ja bereits seit Jahren mit Fußbodenheizung ausgestattet, jetzt sind die Straßen dran. Ja, man merkt eben, dass Norwegen Energie im Überfluss besitzt. Die Eismeerkathedrale hat ein entzückendes Gerüst bekommen, das ihre Front nicht gerade schöner macht und die Gondel auf den Storsteinen ist im Moment wegen Wartungsarbeiten geschlossen. Alle von unserer Gruppe, die heute hinauf fahren wollten, müssen sich ein anderes Programm überlegen.

Ich habe schon wieder ein Social Media Treffen, diesmal im Intensivmodus, denn wir sind ja immerhin vier Stunden in Tromsø. Die beiden warten bereits am Schiff und wir drehen erst einmal eine genüssliche Runde durch die Stadt. Danach bleibt die Frage: wo lassen wir uns nieder für einen Plausch. Kaffee oder Bier? Bier! So ein kühles Mack kommt uns doch jetzt gerade recht. Ja, und 350km nördlich des Polarkreises ist es heute so warm, dass man es sogar draußen genießen kann.

Gegen Nachmittag wird das Wetter zunehmend schlechter. Für die kommenden Tage ist Sturm angesagt. Wie passend, dass wir uns da auf der Barentssee befinden. Aber abwarten.

MS Finnmarken, 13. September

Bevor wir heute auf die Barentssee segeln, steht erst noch der Ausflug zum Nordkapp an. Hier bekommen wir schon mal einen Vorgeschmack, was in den nächsten zwei Tagen an Wind auf uns zukommen wird. Es ist kaum möglich sich zum Globus vorzukämpfen, ja noch nicht mal atmen kann man. Ganz zu schweigen davon, dass mir die Tränen wie Wasser aus den Augen laufen. Und eisig ist der Wind auch noch. Die Gäste, die das Podest am Globus erklimmen, müssen sich krampfhaft an selbigem festhalten. Außerdem fehlen im Moment an drei Seiten des Podests die Stufen. Sie werden neu gemacht. War auch dringend nötig. Die Folge ist allerdings eine nicht gerade fotogene Absperrung und darüber hinaus entpuppt sich die einzig verbliebene Treppe nun als Nadelöhr, durch das man sich zwängen muss für das obligatorische Erinnerungsfoto. Gut, dass die Hauptsaison vorbei ist. Wahrscheinlich ist es ein glücklicher Zufall, dass den Norwegern erst nach der Saison einfiel, das Ganze zu erneuern. In der Regel können sie das hervorragend, wenn sich die Flut der Sommertouristen am Nordkapp drängelt.

Im Souvenirshop treffen wir zwei aus unserer Gruppe, die uns zurufen, dass es wohl das Beste sei, den aufkommenden Sturm in Honningsvåg abzuwarten. Schaukeln ist nicht ihr Ding. Guter Scherz. So schlimm wird es schon nicht werden.

Zurück auf dem Schiff fehlen zwei. Mehrmals werden sie ausgerufen, so wie das immer gemacht wird, wenn Passagiere fehlen. Der Name kommt uns doch bekannt vor. Sollten die zwei vom Souvenirshop tatsächlich Ernst gemacht haben? Wie sich an der Rezeption herausstellt, sind es genau die zwei, die fehlen. Na prima. Wie gut, dass uns immerhin eine in unseren Ohren scherzhaft gemeinte Abmeldung zugetragen wurde.

Hätten wir die zwei nicht zufällig getroffen, würden uns jetzt wohl die Notfallnummern den ganzen Nachmittag beschäftigen. Wir gehen also davon aus, dass die beiden sich in Honningsvåg in ein Hotel eingemietet haben und beschließen, dass sie übermorgen wohl wieder auftauchen werden.

Ja, und das Schaukeln lässt auch nicht lange auf sich warten. Auch wenn mir der stärkste Seegang nichts ausmacht, fand ich es doch angenehm, dass das Meer sich den ganzen Sommer über als Ententeich gezeigt hat. Aber jetzt beginnen wieder die Herbststürme. Wobei wir heute mit Windstärke sechs noch ganz gut bedient sind. Allerdings weht der Wind aus einer ungünstigen Richtung, so dass das Geschaukel doch recht heftig wird. Es kommt, wie es kommen muss. Die öffentlichen Bereiche des Schiffes leeren sich zügig. Ich bin gespannt wie viele am Abend zum Essen auftauchen werden.

Und im Speisesaal ist es zum Dinner dann auch verdächtig leer. Lieber nichts essen, bevor man das Ganze in wenig attraktiver Form zurückgibt. Die meisten sind für jede Schaukelunterbrechung dankbar und mancher würde sich heute über einen ausgiebigen Stopp in Kjøllefjord oder Mehamn freuen. Aber das bleibt ein frommer Wunsch. Auch der Ausflug zu den Sami wird gecancelt. Zu stürmisch draußen. Die Vinkekonkurranse in Berlevåg kann man unter diesen Umständen auch getrost vergessen. Meilenweit fahren wir aneinander vorbei. Die verbliebenen Tapferen, die nicht grün im Gesicht sind, können an Deck auch nichts reißen.

MS Finnmarken, 14. September

Man man man, eine Stunde Schlaf ist eindeutig zu wenig, aber das Schaukeln hat mich diese Nacht vom Schlummern ferngehalten. Es war einfach zu anstrengend, sich krampfhaft im Bett zu halten. Vielen Gästen geht es genauso und alle sind mehr als dankbar über die herrliche Ruhe seit wir an diesem Morgen in Kirkenes festgemacht haben. Drei Stunden ohne Seegang erscheinen heute jedem als paradiesischer Zustand. Manche haben sich heute Nacht so mit der Spucktüte angefreundet, dass sie sogar den gebuchten Ausflug verfallen lassen. Wir haben aber die vage Hoffnung, dass es heute auf dem Rückweg weniger schlimm wird. Als wir den Wetterbericht für die Region abrufen, begeistert er uns allerdings damit, dass wir heute mit einer Schaukelsteigerung rechnen müssen. Es wird also noch einmal gästegemeinschaftliches Spucken anstehen.

Kaum haben wir Kirkenes verlassen, geht es auch schon los. Und dabei sind wir noch im Varangerfjord, also noch nicht mal auf der ungeschützten Barentssee. Jedenfalls ist es heute Mittag kein Problem einen Platz im Restaurant zu bekommen. Der Auslasshafen Vardø wird heute wieder seinem Ruf gerecht, denn Anlegen ist unmöglich. Wie es leider oft in der Zeit der Stürme ist. Als wir auf der Barentssee sind, geht es dann richtig los. Ja, das mit dem Geradeauslaufen ist heute eine echte Herausforderung, besonders wenn man einen heißen Kaffee balanciert.

Båtsfjord verschafft uns eine kurze Schaukelpause, während die meisten Passagiere es vorziehen den ganzen Abend im Seekrankheittablettendelirium dafür zu beten, dass das Geschaukel doch nun endlich aufhören möge. Der Wunsch wird ihnen erst am frühen Morgen erfüllt werden. Auch in Berlevåg wird das heute nichts mit dem Anlegen, von Vinkekonkurranse will ich gar nicht reden. Es wird fleißig gehornt, das muss für heute Abend reichen.

MS Finnmarken, 15. September

Der Sturm ist vorbei. Und unsere verlorenen Schäfchen sind wieder da. Nachdem sie ja vorgestern mehr oder weniger das gesamte Schiff in Aufregung versetzt haben, sind sie also wieder an Bord. Trotzdem können wir uns nicht verkneifen, freundlich darauf hinzuweisen, dass es gelegentlich hilfreich ist, sich ordentlich abzumelden. Das Verständnis der beiden ist eher mäßig.

Der restliche Tag verläuft ruhig. Die meisten sind froh, dass sie heute kein Dauer-Rendezvous mehr mit der Kloschüssel haben. Da diesmal ungewöhnlich viele mit zum Nordkappfrühstück gefahren sind, ist das Schiff wie ausgestorben. Hammerfest begrüßt uns mit gewohntem Anblick und natürlich drehen wir auch unsere obligatorische kleine Runde.

Auch am Nachmittag haben wir das Gefühl, dass die Ausflügler gar nicht mehr eingestiegen sind, aber wahrscheinlich halten alle ein Kabinenschläfchen um fit zu sein für das Mitternachtskonzert. Tag acht ist eben lang. Für uns Reiseleiter einmal ein Moment der Entspannung. Alles ruhig im Schiff.

MS Finnmarken, 16. September

Aufstehen bei gutem Wetter. Das freut mich an Tag neun immer wieder. Zu schade ist es einfach, die zauberhafte Vesterålen- und Lofotenwelt mit dem Regen zu teilen. Heute haben wir Glück. Und die Wolken haben sich ebenfalls entschieden die bizarrsten Tänze mit den Bergen zu veranstalten. Gut, dass am Bug so viel Platz ist, da tritt man sich gegenseitig wenigstens nicht auf die Füße. Da ich ja dieses Jahr in Raftsund und Co. gerne auf Regen abonniert bin, genieße auch ich heute mal die Lofotenvolldröhnung. Bereits nach Ablegen in Stokmarknes stehen wir alle draußen bis kurz vor Svolvær.

Versuche, wieder ins Schiffsinnere zu gehen, scheitern, da wir heute so extreme Wechsel des Lichtes haben, dass man sich einfach gar nicht lösen kann. Kurz vor dem Raftsund entdecken wir ein weiteres Hurtigrutenschiff. Die MS Fram fährt vor uns her und da man sie nicht alle Tage sieht, hoffen wir, dass wir sie noch einholen. Sie huscht denn auch vor uns in den Trollfjord und direkt vor der Trollfjordmündung fahren wir aneinander vorbei. Kaum sind auch wir aus dem Trollfjord raus, gibt die Sonne eine Extravorstellung in punkto Berge-in-goldenes-Licht-tauchen. Ja, auch wenn die Tage jetzt wieder kürzer werden, haben sie den Vorteil, dass sie am Abend jetzt viel goldener sind. Unser Stern begibt sich eben langsam auf seine Winterposition und steht bereits so tief, dass man ohne Sonnenbrille gar nicht existieren kann. Die Berge leuchten in rosa und gold. Glücksmoment. Am Abend in Svolvær kratzen wir am letzten Tageslicht. Wir sind unweigerlich auf dem Weg zur Polarnacht. In gut zwei Monaten tauchen wir wieder in die Dunkelheit ein.

MS Finnmarken, 17. September

Wo gestern noch Sonne war, macht sich heute Regen breit. Wo sind die ganzen Löffeljäger heute bei der Polarkreisüberquerung. Vielen ist es wohl doch zu ungemütlich. Der Nieselregen durchfeuchtet aber auch alles innerhalb von zwei Sekunden.

Die Temperaturen gehen mittlerweile deutlich runter und machen es sich im einstelligen Bereich gemütlich. Trotzdem wage ich mich zum Gruppenfoto nur im T-Shirt raus, während die Gäste warm bemützt und mit Daunenjacke versorgt in die Kamera lächeln. Ja, wenn man in Norwegen lebt, nimmt die Temperaturempfindlichkeit ab, zumindest bei mir. Das mit dem Regen wird auch am Nachmittag nicht besser. Mittlerweile hat sich nieseln in schütten verwandelt. Die sieben Schwestern? Wo denn? Sie liegen mal wieder im Nebel-Wolken-Regen-Schlaf. Vom Torghatten will ich gar nicht reden. Normalerweise sieht man ihn ja von Brønnøysund aus bereits. Heute kann man noch gerade die Brücke erahnen. Schon wieder begegnen wir der MS Fram. Sie ankert am Torghatten und taucht erst im letzten Moment auf wie aus dem Nichts. Dort wird fleißig ausgebootet, schlechtes Wetter ist ja in Norwegen bekanntlich kein Grund nur drinnen zu hocken. Der Torghatten bleibt konsequent und verhüllt sich standhaft in Wolken. Kein Loch heute.

Am Abend folgt schon wieder das nächste Treffen. In Rørvik liegt die alte Lady neben uns, die MS Lofoten. Klar, dass wir alle rüber müssen. Mit Verspätung schaukelt sie heran, eigentlich schon viel zu spät um sie zu entern. Mein Stoßgebet zum Himmel wirkt heute mal, sie bleibt so lange wie wir. Genug Zeit also für einen schnellen Rundgang und das obligatorische

Foto von uns, die wir hier zur kleinen Social Media Hurtigrutenkonferenz verabredet sind.

MS Finnmarken, 18. September

Wie ich dieses frühe Aufstehen hasse. Aber der Gepäckservice steht heute bereits um 6:30 Uhr Spalier um unser Gepäck zu verladen. Gähn. Es hilft nichts, also finden wir uns kurz vor anlegen auf Deck drei ein. Immerhin ist der Gepäckservice pünktlich. Ganz im Gegenteil zu unseren Transferbussen. Da zwei Gruppen heute aussteigen um mit der Dovrebahn nach Oslo zu fahren, sind drei Transferbusse bestellt. Der erste kommt pünktlich. Der zweite und dritte werden wieder mal zum Reiseleiteralbtraum. Nix passiert und die Uhr läuft mal wieder gegen uns, da die Dovrebahn bekanntlich nicht wartet. Schön, dass sich um acht Uhr die anderen Busse zu uns bequemen. Einkaufen kann man sich am Bahnhof jetzt getrost sparen, wenn man den Zug nicht verpassen will. Na ja, es gibt ja nen Speisewagen. Dachten wir. Außerdem gibt es eine hübsche kleine Doppelbuchung. Eine Jugendgruppe von achtzig Personen hat dieselben Plätze in Wagen sechs gebucht, die in unserer Reisebestätigung ausgewiesen sind. So stapeln wir uns also zunächst mit 160 Mann im Waggon und warten auf den Schaffner, der uns hoffentlich sagt, dass das alles nur ein Irrtum ist. Zügig kommt er dann auch und hat erst einmal keine

Lösung parat. So langsam habe ich das Gefühl, die Dovrebahn hat etwas gegen mich. Nach etlichem hin und her hilft nur ein Anruf bei der Eisenbahngesellschaft NSB. Und halleluja. Statt Wagen sechs gehört uns Wagen acht. Druckfehler. Wir wandern also ab ans Ende des Zuges und nachdem endlich alle sitzen sind wir erst einmal froher Erwartung auf die Fahrt.

Der Herbst hat bereits die Blätter leuchtend gelb und rot gefärbt. Was könnte also diese Zugfahrt trüben? Nach einer Stunde herrschen in den Waggons gefühlte 40 Grad und wir denken schon, ob wir möglicherweise eine Tropenfahrt gebucht haben. Aber nein, viel besser. Die Stromversorgung des gesamten Zuges hat überlegt, sich zu verabschieden und damit alles, was an ihr dran hängt. Klimaanlage, Toiletten, Speisewagen, Licht: nichts geht mehr. An jedem Bahnhof halten wir alle unseren Kopf aus den Türen um für zwei Minuten Luft in die Lungen zu saugen. Für außenstehende wirkt das wahrscheinlich wie Slapstick. Aber drinnen sind wir kurz vor dem Tod durch Ersticken. In Lillehammer werden wir erlöst. Ein neuer Zug steht bereit. Dass er an jeder Gießkanne hält, ist immerhin besser als bis Oslo in der Sauna zu sitzen. Und selbst die Verspätung hält sich in Grenzen und wir sind fast wie geplant in der Hauptstadt.

Color Fantasy, 19. September

Der letzte Tag ist angebrochen und damit naht auch die Rückfahrt mit der Colorline. Auf der Stadtrundfahrt in Oslo hüpfen wir von Regenloch zu Regenloch und schon ist es Zeit für den Check-In auf der Fähre. Auch der Abschied von den Gästen rückt näher. Für den Abschiedscocktail haben wir diesmal wieder die Disco erwischt und da die Gäste dort hinter Wänden verborgen sitzen, bitten wir kurzerhand alle auf die Tanzfläche. Das letzte Miteinander. Danach zerstreuen sich alle auf der Color Fantasy, Zeit für uns, dem Dutyfreeshop einen Besuch abzustatten. Wir Reiseleiter gönnen uns eine Flasche Wein zum Abschied. Unsere kleine Kabinenparty dauert dann auch bis Mitternacht.

Kaum angekommen in Kiel heißt es auch schon Abschied nehmen. Wir entlassen die Gäste wieder in ihren Alltag. Auf der nächsten Tour wird uns der Herbst voll im Griff haben.

Der Herbst ist da oder:

wenn Norwegen golden leuchtet

Oslo, 14. Oktober

Und schon ist der Herbst da. Zusammen mit den Gästen werden wir uns diesmal auf der Tour ins Farbfeuerwerk begeben. Zunächst heißt es aber wieder einmal warten bis alle Gäste vollzählig aus der Sicherheitszone marschiert sind. Auch dieses Mal fehlen drei Koffer aber wir sind gnädig mit der Airline, da drei Gäste in Frankfurt im Galopp umsteigen mussten und den Anschlussflieger nur erwischt haben, da sie per Transport dorthin gebracht wurden. Die Koffer haben den Anschluss verpasst.

Diesmal sind die Gäste auf ziemlich späte Flieger gebucht, so dass wir erst um 16 Uhr zur Stadtrundfahrt starten können. Das Fram-Museum ist also die erste Wahl, schon allein deswegen um dort nicht vor verschlossenen Türen zu stehen. Die Öffnungszeiten haben in den Wintermodus gewechselt, also ist dort bereits um 17 Uhr Schicht im Schacht. Das heißt aber auch, dass wir für den restlichen Programmteil bereits mit der Dunkelheit kämpfen. Ein Ausblick vom Holmenkollen bei Nacht kann zwar auch sehr schön sein, aber wenn man zum ersten Mal in der Hauptstadt weilt, will man ja schließlich auch etwas vom Oslofjord sehen und sich nicht nur an den bunten Lichtern der Stadt erfreuen. Oslo hat sich mächtig herausgeputzt. Überall leuchtet es in goldenen Herbsttönen. Auch bei unserem Stopp im Vigelandpark erfreuen wir uns an der Farbenpracht der Bäume.

Nach dem wir am Abend alle Gäste beim Cocktail offiziell begrüßt und zum Essen entlassen haben, hab ich wieder einmal noch eine Besorgung zu machen. Bei einer Freundin muss ich vor der Tour unbedingt noch etwas abholen und ich bin einmal mehr froh darüber, dass ich in Oslo quasi in jede Bus- und Bahnlinie springen kann um mir eine passenden Route auszugucken, die mich zum Ziel bringt. Dreißig Minuten in der Kälte an Bushaltestellen stehen, brauche ich nicht so unbedingt. Also nehme ich kurzerhand Bus und U-Bahn um zurück zum Hotel zu kommen. Bevor ich rausgefahren bin, habe ich mich bereits mit der ein oder anderen Cola-Flasche eingedeckt, damit ich um 22 Uhr nicht noch den Supermarkt am Bahnhof stürmen muss. In der U-Bahn wundere ich mich über eine hübsche kleine Pfütze, die sich dort breit macht. Nun ja, es ist ja auch draußen bereits ziemliches Matschwetter. Während ich noch überlege, meine Plastiktüte auf den Sitz zu stellen, damit sie sich nicht in der Flüssigkeit suhlt, naht bereits meine Haltestelle. Also aussteigen. Warum kommt die Pfütze eigentlich hinter mir her? Oder vielmehr eine wunderbare Spur derselben Flüssigkeit, die sich in der U-Bahn breitgemacht hat. Gelegentlich hilft ein Blick in die Tüte, die man mit sich trägt. Darin schwimmen eineinhalb Liter Cola, eine leere Flasche und durch ein kleines Loch fließt das ganze genüsslich in die Welt, oder vielmehr jetzt an den Bahnsteig. Gut, dass ich mein Smartphone nicht auch hinein geschmissen habe. Denn um das Ding schnell aus der Hand zu bekommen, schmeiße ich es zuweilen in Tüten, die ich mit mir rumschleppe. Glück gehabt. Der Besuch am Bahnhofssupermarkt wird dann doch fällig. Wahrscheinlich fragt sich jeder dort, warum ich die Flaschen so genau vor dem Kauf auf etwaige Haarrisse untersuche.

Bergenbahn, 15. Oktober

Dieses Bergenbahn-Tag-Aufstehen fällt jetzt immer schwerer. Nix Tageslicht, noch nicht mal ein Hauch davon. 6:15 Uhr, Regen, kalt, ich will zurück ins Bett. Auch das Frühstück findet jetzt im Dunkeln statt, während sich die Sonne draußen noch nicht über den Horizont quälen kann. Das Frühstücksbuffet im Thon Hotel Opera tröstet einen jedoch über den Schlafmangel hinweg.

Während wir uns bei der Fahrt mit der Bergenbahn noch an den Herbstfarben erfreuen, empfängt uns Bergen mit schmuddeligem Regenwetter. Ein Tag wie geschaffen fürs Sofa. Da es regnet wie aus Kübeln, ändern wir kurzfristig unser Besichtigungsprogramm und sparen uns die Fantoft-Stabkirche. In dem Wetter ist es kein Spaß dort rumzulaufen, zumal sie im Oktober bereits geschlossen ist und man sich somit noch nicht mal in ihr Inneres flüchten kann, wenn einem der Schütteregen zu viel wird. Dafür machen wir heute einen außerplanmäßigen Fotostopp am Denkmal der Amalie Skram, einer norwegischen Schriftstellerin und Frauenrechtlerin, deren hübsche Statue auf einem kleinen Platz auf Bewunderer wartet. Gesäumt wird sie von den buntesten Häusern der Stadt, die allerliebst anzuschauen sind und selbst bei Regenwetter ein wenig Farbe ins Bild bringen. Außerdem können wir hier einen ersten Blick auf unser Schiff werfen, dessen Schornstein wir bereits von hier erspähen und der friedlich vor sich her dampft.

Als wir unser Schiff betreten, bin ich besonders aufgeregt. Es ist meine erste Tour auf der renovierten MS Nordnorge. Da sie mein erstes Schiff überhaupt war, allerdings noch in unrenoviertem Zustand, habe ich so etwas wie eine emotionale Beziehung zu ihr. Ok, irgendwann ist alles abgeranzt und muss überholt werden, aber ich muss mich dann doch mit dem neuen Zustand anfreunden, obwohl ich das Design der renovierten Schiffe durchaus mag. Schließlich nutzt es ja auch nichts zu hadern, denn ändern kann man es sowieso nicht. Also be-schließe ich schnell mit dem neuen Aussehen Frieden zu schließen. Und das gelingt mir noch besser in Anbetracht des-sen, dass die drei fehlenden Koffer bereits eingetroffen sind. Einschiffungstag gut, alles gut. Im Restaurant staut sich bereits alles, da für die Jahreszeit ungewöhnlich viele Gäste an Bord sind und alle wollen natürlich beim Ablegen um 20 Uhr drau-ßen sein. Für uns wird das nichts. Wir schauen uns das ganze aus dem Augenwinkel an, während wir uns noch am köstlichen Buffet laben. Die nächste Tour kommt ja bestimmt.

MS Nordnorge, 16. Oktober

Lieber Hjørundfjord, im September hast Du mich ja mit dem Wetter überzeugt, aber was soll das heute bitte sein? Also so geht das nicht! Regen, Regen, Regen. Nach der Tenderboo-tüberfüllung der letzten Tour, ist es heute ein Leichtes eins zu bekommen. Kein Wunder. Außer den Ausflüglern will heute keiner so recht an Land übersetzen. Wollen wir oder wollen wir nicht? Ja, wir wollen. Immerhin hört es zwischenzeitlich auf zu regnen, so einigermaßen jedenfalls. Wir warten also auf dem Autodeck bis das Bötchen naht. Wenigstens ein paar gute Landschaftsaufnahmen schießen. Als das Tenderboot anlegt, öffnet der Himmel seine Schleusen. Aber so was von. Wollen wir immer noch? Nein, wir wollen nicht. Ausscannen und Einscannen innerhalb von zwei Minuten hatte ich auch noch nie. Aber an Land im Regen rumstapfen ist nur ein Vergnügen der Kategorie: mäßig attraktiv. Und fotografieren kann man dann auch getrost vergessen. Letzte Chance für dieses Jahr, denn auf der nächsten Tour sind wir wieder im Winterfahrplan. Ärgerlich. Wie kann es anders sein: das Tenderboot ist eine halbe Stunde weg und mit einem mal herrscht zauberhaftes Wetter. Och neeeee. Doch fahren? Das Boot tendert munter hin und her und beim dritten Mal stehe ich wieder auf dem Autodeck, bereit zum auscannen. Als ich an Land aussteige, fängt es an zu regnen. Jesus Maria, es ist zum aus der Haut fahren. Erst noch mäßig und kaum ist das Tenderboot weg, schüttet es. Nein, der Hjørundfjord kann mich heute mal. Er will einfach nicht auf Fotos glänzen. Als wir wieder herausfahren Richtung Ålesund wird es mit dem Wetter auch nicht besser. Es schüttet konsequent weiter, dazu gesellt sich ein schneidender Wind. Drinnen ist Trumpf!

Am Abend in Ålesund nächster Fotoversuch. Schöne Lichtstimmung, blauer Himmel, Ausrüstung gepackt und los. Meistens komme ich ja auf den Touren nicht zu ausgiebigen fotografischen Vergnügungen. Schließlich habe ich ja hier einen Job. Aber heute ist die Gelegenheit günstig. Das unterscheidet eben das Knipsen vom Fotografieren. Da braucht man auch tagsüber schon mal ein Stativ, wenn man bestimmte Effekte erzielen will. Pünktlich, als ich alles aufgebaut habe, fängt es wieder an zu regnen. Bei meinem Blick nach oben frage ich mich, aus welchen Wolken es regnet, denn über mir befindet sich nur blauer Himmel. Ein Naturphänomen? Jedenfalls gebe ich das mit der Fotografiererei für heute auf.

MS Nordnorge, 17. Oktober

Obwohl heute Regen angesagt ist, herrscht über Trondheim wunderschöne rosa Lichtstimmung. Das hätte ich ja voraussehen können, dass mir jetzt, wo ich eine Verabredung zum Kaffee habe, allerfeinstes Fotografenwetter beschieden ist. Nicht ärgern, norwegisch gelassen nehmen. Drei Stunden gemütlich Quatschen bei einem Kaffee hat ja auch etwas. Gnädigerweise hält das Wetter in fantastischem Sonne-Wolken-Mix den ganzen restlichen Tag. So muss das sein. Mit vielen von unserer Gruppe stehe ich an Deck und wir fotografieren was das Zeug hält. Da wir ja auch auf Nordlicht hoffen, kommen bereits die ersten Gäste um nach den richtigen Kameraeinstellungen zu fragen. Mittlerweile gibt es wohl keinen Kamerahersteller mehr, den ich noch nicht in den Fingern hatte. Zeitgleich mit unserer Gruppe ist auch eine Nordlicht und Sterne Tour bei uns auf dem Schiff. Bereits jetzt wirbeln die Gäste von beiden Gruppen durcheinander und wahrscheinlich weiß jetzt schon niemand wer, welche Reiseleiter für seine Gruppe zuständig sind. Auch für uns eine neue Erfahrung, aber da unsere Gruppen ja beide direkt von Hurtigruten kommen, sind wir keine Konkurrenz und genießen die Zusammenarbeit mit unseren Kollegen.

Pünktlich zum Abendessen geht es auf die Folda. Die offenen Seestrecken machen jetzt unmissverständlich klar: die Zeit der Herbst- und Winterstürme ist da. Es schaukelt heftig, die Gläser tanzen auf dem Tisch, Wasserkaraffen und Teller ebenfalls. Zwei zusätzliche Arme um alles festzuhalten, wären heute Abend eine echte Option. Ein Wunder, dass der Service die Teller heil an den Tisch bringt. Schon sitzen ist eine Herausforderung. Ja, die Lage des Restaurants ist bei Seegang nicht die komfortabelste und nach der Vorspeise leert es sich rasant. Die meisten hangeln sich zu ihrer Kabine und beten, dass Rørvik bald in Sicht ist.

Da kommen wir dann auch mit Verspätung an. Ausgerechnet heute, wo die MS Spitsbergen neben uns liegt und wir uns wieder mal zum gemeinschaftlichen Entern des südgehenden Schiffes verabredet haben. Egal. Wir gehen natürlich trotzdem hinüber. Im Galopp. Heute gibt es die kleine Schiffsführung im Laufschritt. Panoramasaal, Deck vier, draußen, drinnen. Gewaltmarsch im Eilschritt. Schön, dass wir alle wintertauglich eingepackt sind und es im Schiff mächtig warm ist. Der Schweiß fließt in Strömen und die Uhr tickt sich gen 21:15 Uhr. Also im Schweinsgalopp zurück auf die Nordnorge, schließlich möchten wir unsere Tour ja nicht um ihren Großteil verkürzen.

MS Nordnorge, 18. Oktober

Der kleine Faulenzertag, zumindest, was meine Unternehmungslust betrifft. Schon am Morgen ist das Hauptgesprächsthema der Gäste, wann das erste Nordlicht auftaucht. Immerhin nähern wir uns langsam dem Nordlichtoval und an Tag vier lässt sich der grüne Schein am Himmel ja öfter mal blicken. Vor allem die Teilnehmer der Nordlicht und Sterne Gruppe gieren danach, endlich die Kameras aufs Stativ zu stecken. Abwarten.

In Bodø gehe ich heute nur auf einen Sprung in den Dom und habe, als ich wieder komme, das ganze Restaurant für mich. Hat auch mal was. Alle sind unterwegs. In Svolvær und Stamsund hat uns bereits wieder die Dunkelheit gepackt, mit großen Schritten geht es auf die Polarnacht zu. Bis dahin sind es nur noch gut vier Wochen. Im Raftsund ist uns dann tatsächlich das Glück hold. Das erste Nordlicht zeigt sich. Nachdem ich im September ja noch ohne Stativ gereist bin, habe ich es diesmal wieder dabei, denn ohne geht eben auch keine Nordlichtfotografie. Heute ist es aber noch ein laues Lüftchen. Zu wenig grün um eindrucksvolle Fotos zu schießen. Da geht noch mehr.

Aber wir sind ja auch noch ein paar Tage im grünen Bereich. Erstmal schlafen.

Um zwei Uhr tönt es laut aus dem Telefon. Für gewöhnlich lasse ich die Infotaste auch in der Nacht an um die Durchsagen des Schiffes zu hören, falls es etwas Wichtiges gibt. Heute gibt es etwas Wichtiges. Nordlicht! Aufstehen oder nicht? Immer dieselbe Frage. Nordlicht hat ja die Angewohnheit manchmal in Windeseile wieder zu verschwinden, wenn es aufgetaucht ist. Unglücklicherweise braucht mein Kreislauf ewig bis er in Schwung kommt, vor allem, wenn ich aus dem Tiefschlaf geweckt werde. Jetzt anziehen, Kälte, Wind? Fotoausrüstung nach oben tragen? Und wenn man auf Deck sieben ankommt ist nur noch schwarze Nacht? Andererseits könnte es sich auch um ein wahres Nordlichtfeuerwerk handeln und dann hat man es verpasst. Ein wahres Luxusproblem. Rumdrehen und weiter schlafen ist meine heutige Wahl. Tag vier. Pfffffffffffff. Das wird ja wohl nicht das letzte Nordlicht auf dieser Tour gewesen sein.

MS Nordnorge, 19. Oktober

Natürlich gab es besagtes Feuerwerk in der Nacht wie ich heute Morgen hören darf. Einige Tapfere haben sich tatsächlich rausgewagt und wurden mit fantastischem Nordlicht belohnt. So etwas freut mich immer ganz besonders für die Gäste, denn die meisten erleben das grüne Highlight ja zum ersten Mal. Die meisten haben es allerdings ähnlich wie ich gehalten und das Spektakel verschlafen. Heute also: neues Spiel, neues Glück. Dazu muss sich aber erstmal der Schneeregen verziehen, der heute Morgen prächtig aus den Wolken herab prasselt. Wolken, der Feind des Nordlichts. Also nicht, dass nicht auch bei Wolken eine Lightshow stattfindet, aber eben leider ohne uns irdische Zuschauer. Manchmal will das Nordlicht eben ganz unter sich sein. Die Wikinger glaubten, dass sich das Mondlicht in den Rüstungen der Walküren spiegelt, die die gefallenen Helden nach Walhall geleiten und besagte Spiegelung sich als Nordlicht zeigt. Dafür braucht es ja auch kein Publikum.

Immerhin wird es bis zum Nachmittag besser mit den Wolken, sie verziehen sich zwar nicht ganz, aber hier und da erspäht man eine Wolkenlücke. Weiter so bitte. Und Tatsächlich. Bis zum Abend zieht sich der Vorhang am Himmel immer weiter zurück. Heute könnte es was werden.

Das Nordlicht wählt dann auch den passendsten Zeitpunkt überhaupt. Pünktlich zum Hauptgang ist es da. Die Durchsage kann man im Restaurant kaum verstehen ob der Geräuschkulisse. Sonst wären jetzt wohl auch alle rausgestürmt. Nachdem das Dessert verschlungen ist, kann uns dann aber auch keiner mehr halten. Die Kamera habe ich Gott sei Dank schon vor dem Abendessen schussbereit gemacht und sie wartet schon, aufs Stativ geschraubt, endlich loslegen zu können. Hoffentlich ist das grüne Leuchten noch da. Ja, ist es. Jacke an, Kamera geschnappt und ab auf Deck sieben. Und da tobt es. Die Strecke zwischen Tromsø und Skjervøy wird ihrem Ruf als Nordlichtgarant mal wieder gerecht. Ganze Lichtvorhänge stehen am Himmel und tanzen in grün, violett, rot und blau. Mal drapiert es sich wie eine Spirale, dann wieder in einem großen Bogen quer über das Schiff. Man weiß gar nicht, wo man zuerst hingucken soll. Wir stapeln uns alle förmlich an Deck und starren fasziniert in den Himmel. Nur die unermüdlichen Blitz"fotografen" müsste man abstellen können. Ein Blitz ist dazu da, das Objekt zu beleuchten, das man fotografieren will. Bei einem Blitz, der zehn Meter weit reicht und dem Nordlicht, das sich in 150 km Höhe bewegt, ist das nur mäßig kompatibel. Und das versaut nicht nur die eigenen Aufnahmen, sondern auch die der Umstehenden gleich mit.

Nach zwei Stunden muss ich doch mal kurz reingehen. Man bin ich durchgefroren. Irgendwann kommt auch die wärmste Jacke gegen arktischen Wind nicht mehr an. Gut, dass das Nordlicht gerade Pause macht, da kann man wohlige Wärme in den Körper zurückführen. Eine große Verschnaufpause ist allerdings nicht drin. Nach einer halben Stunde geht es schon wieder los. Und wo wir eben noch dachten, dass wir für diesen Abend alles gesehen hätten, werden wir eines Besseren belehrt.

Das Feuerwerk wird übertrumpft von einem noch größeren Feuerwerk. Zeitweilig hat man das Gefühl, dass das Nordlicht nach unserem Schiff greifen will und schlängelt sich am Himmel tief zu uns hinab. Die Farben sind so stark, dass man sie auch mit bloßem Auge eindrucksvoll sehen kann. Und das ist etwas Besonderes. Da das menschliche Auge ja nicht so das perfekte Nachtsichtgerät ist, ist die Kamera oft im Vorteil und sieht bereits Farben, wenn wir nur einen grauen Schleier wahrnehmen. Heute nicht. Der Himmel strahlt bunt. Herrlich. Nach insgesamt vier Stunden ist die Show endgültig vorbei und wir fallen adrenalingeschwängert ins Bett.

MS Nordnorge, 20. Oktober

Der Winter rückt näher. Magerøya hat eine erste zarte Schneehaube. Stellenweise versucht der Herbst zwar noch sein Refugium zu verteidigen, aber die Schneedecke wird unerbittlich geschlossener. Lediglich an ein paar Stellen blitzt noch ein letzter Rest goldener Flechten hervor. Die Wolken ziehen im Eiltempo über die Insel und warum tun sie das? Richtig, da ist er wieder, der Wind am Nordrand Europas. Kaum am Nordkapp-Plateau angekommen gibt er die Vorstellung des Tages in punkto Wegfegmodus. Gut, dass die Stufen am Globus nun endlich fertig sind, da hat man wenigstens die Möglichkeit, sich zu selbigen hoch zu hangeln. Außerdem sieht es auch besser fürs Foto aus, wenn da nicht eine dekorative Baustelle im Bild positioniert ist. In einem Anfall von Profifotografiewahn habe ich heute das Stativ dabei. Wenn es doch einen Knopf gäbe, mit dem man den Wind abstellen könnte. Selbst mein schweres Stativ schafft es nicht gegen den Wind anzustinken. Das wird dann wohl heute nichts mit Effektbeleuchtungen. Vielleicht nächstes mal.

Am Nachmittag sind wir natürlich alle gespannt, wie denn wohl die Barentssee gelaunt sein wird. Aber oh Wunder, wir hatten es schon schlimmer. In moderatem Schaukelmodus schwimmen wir von Hafen zu Hafen und die Tabletten können heute bei vielen im Blister bleiben. Um eventuelles Nordlicht zu fotografieren bleibt es jedoch zu schaukelig, es sei denn, man zählt Fotos mit strichförmigen Sternen zu seinen Begehrlichkeiten. Ich verzichte. Das Nordlicht passt sich dann auch an diesem Abend meinem Fotoverzicht an und erscheint nur als laues Lüftchen. Ein Hauch von grün, mehr gibt es nicht.

MS Nordnorge, 21. Oktober

Gutes Wetter, drei Stunden kein Schaukeln, Kirkenes ist wunderbar. Zumindest finden das die Gäste, die auch das moderate Schaukeln der vergangenen Nacht an die Kloschüssel gezwungen hat. Da wir fürs Füße vertreten grundsätzlich zu haben sind, drehen auch wir Reiseleiter unsere kleine Stadtrunde.

Nach dem Ablegen warten wir, was uns die Barentssee denn heute zu bieten hat und ja: schon im Varangerfjord, der ja eigentlich noch relativ geschützt ist, spielen wir bereits Bäumchen rüttel Dich. Zeit um wieder unser beliebtes Herbst- und Winterraten zu reaktivieren. Legen wir heute in Vardø an? Wetten werden bis 14 Uhr angenommen. Zunächst schaukeln wir uns mal in die richtige Richtung. Um 15 Uhr ist immer noch die Möglichkeit drin, dass wir anlegen, den Besuch des Hexendenkmals können wir schon mal streichen. Zu knapp. Mit pünktlich wird das nix. Aber noch geben wir die Hoffnung nicht auf, dass noch der Besuch der Festung drin sein könnte, denn die liegt ja fast in Spuckweite vom Schiff entfernt. Auf Marine Traffic verfolgen wir im Dauermodus unsere Position und wir fragen uns, ob denn Vardø dann auch mal näher kommt. Immerhin legen wir tatsächlich an, allerdings zu der Uhrzeit, zu der wir eigentlich hätten ablegen sollen. Nix raus, nix Festung und einen kalten Nieselregen gibt es noch gratis oben drauf.

Weiter geht es auf die Barentssee. Die Bordreiseleitung sagt dann auch zügig an, dass mit stärkerem Wellengang zu rechnen ist und die Kabine jetzt die erste Wahl ist. Zeit für uns Reiseleiter einen Kaffee auf dem ziemlich geleerten Deck vier zu schlürfen. Warten auf den Seegang. Nach einer Stunde fragen wir uns, was denn jetzt nun mit dem Seegang ist. Wo ist er. Hat er sich überlegt woanders zu wüten? Kein Gast lässt sich mehr blicken. Sind wir so abgehärtet? Wir warten weiter. Es passiert noch immer nichts, so dass pünktlich zum Dinner alle aus ihren Kabinen kriechen um das Restaurant zu stürmen. Fast herrscht so etwas wie ausgelassene Freude darüber, dass es gar nicht so heftig war wie angekündigt. Ja, ja, man sollte den Tag nicht vor dem Abend loben. An selbigem geht es dann auch richtig los. Geradeauslaufen wird wieder einmal zur Herausforderung. Deckflucht Teil zwei. Innerhalb von fünf Minuten ist kein Mensch mehr zu sehen. Auch wir Reiseleiter ziehen uns nach einer Weile in die Kabinen zurück und ja, es schaukelt ganz schön. Alles, was irgendwo im Regal oder auf der Fensterbank stand, findet man am Boden wieder. Das Ganze setzt sich bis zum späten Abend fort und die Nordlichtdurchsage veranlasst wohl keinen an Deck zu stürmen. Mich jedenfalls nicht. Und wie ich am nächsten Morgen höre, fast niemanden sonst. Das Nordlicht musste für sich selbst tanzen.

MS Nordnorge, 22. Oktober

Sonntag. Ruhetag. Schönwettertag. Hammerfesttag. Wenn die Sonne so entzückend vom Himmel lacht, ist es Zeit für neue Sichtweisen. Und da man vom Bug immer so schön die Mole sehen kann, wenn man in Hammerfest anlegt, will ich heute sehen, ob der Blick von der Gegenseite ebenso fabelhaft ist. Los geht's. Wer hat denn da ein Schild hingehängt: Durchgang verboten! Das ist irgendwie nicht in meinem Gusto, also setze ich mich dezent darüber hinweg und betrete die Mole trotzdem. Am Sonntag wird man es ja wohl nicht so genau nehmen. Der Blick von hier ist wirklich zauberhaft. Und da das Wetter so fabelhaft ist, schieße ich auch gleich noch ein paar Fotos unterhalb der Kirche, wo der Blick in die Bucht einfach grandios ist.

Am Nachmittag in Øksfjord merken wir deutlich, dass der Winter bevorsteht. Das Tageslicht verabschiedet sich immer früher, aber davor können wir das typische rosa Licht bereits genießen, das in der kalten Jahreszeit absolut jeden in Entzückung versetzt. Kein Wölkchen am Himmel. Es riecht nach Nordlicht. Eine zweite Nordlichtfoto-Orgie käme uns gerade recht. Das verkürzt auch das Warten aufs Mitternachtskonzert.

Nach dem Abendessen kommt die erste Nordlichtdurchsage und wir positionieren uns natürlich sofort alle auf Deck sieben mit unseren Kameras. Affenkalt ist es. Zwischendurch müssen wir uns immer wieder an den Heizstrahlern aufwärmen. Dass man die aber auch nicht mit ans Heck nehmen kann. Unser Ausharren wird allerdings belohnt. Nachdem das Nordlicht erst nur schwach aufflackert, tanzt es bald um unser Schiff, die Kameras klicken, wir sind selig. Vor Tromsø ist Schluss, wie passend, denn wenn man in der Eismeerkathedrale sitzt, kann man bekanntlich Nordlicht eher schlecht sehen. Und da sich auch nach dem Konzert am Himmel nichts mehr tut, können wir getrost ins Bett gehen. Glauben wir jedenfalls. Irgendwann um drei Uhr kommt die Durchsage, dass die Nordlichtkorona genau über unserem Schiff steht. Ich verschlafe sie. Da findet dieses seltene Ereignis einmal statt und mir bleibt nichts, als am nächsten Morgen die traumhaften Bilder der anderen zu bewundern. Mist.

MS Nordnorge, 23. Oktober

Sonne! Herbst! Goldenes Leuchten! Was für ein Farbenfeuerwerk wird uns heute beschert. Bereits am Morgen hinter Harstad ist unser Stern in seinem Element und leuchtet auf die Landschaft herab. Wer heute nicht draußen ist, ist selber schuld. Aber bereits am Morgen tummeln sich die Gäste an Deck um die Landschaft zu genießen. Brav. Bis Sortland spielen wir konsequent Rundlauf auf Deck fünf, denn man müsste sich heute auf allen vier Seiten des Schiffes gleichzeitig aufhalten, aus allen Richtungen schreit es nach Fotomotiven und die Herbstfarben sind so intensiv, dass es fast irreal aussieht. Vor lauter Begeisterung verpassen wir sogar die Winkeaktion in Sortland. Ups.

Nachdem wir uns auch in Stokmarknes an der leuchtenden Blätterpracht erfreut haben, ist im Raftsund von Sonne nicht mehr viel zu sehen. Bevor sie untergeht, lenkt sie noch die letzten Strahlen zu uns. Und kaum ist sie weg, sinkt die Außentemperatur um gefühlt fünfzig Grad. Man ist das kalt. Ok, wir waren nahezu den ganzen Tag draußen und irgendwann verlangt der Körper nach ein wenig Wärme. Ein einsamer Seeadler fliegt an unserem Schiff entlang, wahrscheinlich wartet er auf das Boot der Seeadlersafari, aber: keine Fischleckerli heute. Schließlich geben wir unserem Wunsch nach Wärme nach und verziehen uns ins gemütliche Schiffsinnere.

Nachdem wir Reiseleiter in Svolvær schon lange nicht mehr in unserem Stammlokal Anker waren, ist es heute an der Zeit, schon allein deshalb, weil es ja so gut wie nie passiert, dass zwei Hurtigrutengruppen zeitgleich auf einem Schiff sind und dazu vier Reiseleiter. Das kühle Isbjørn schmeckt dann auch herrlich. Natürlich kommt wieder die Frage auf, ob wir heute noch einmal unser Nordlichtverlangen stillen können. Ja, können wir. Um 22 Uhr ist es soweit, ist doch wirklich nett, dass es heute nicht zu nachtschlafender Zeit ist. Noch einmal tanzt es wie wild über uns, einen besseren Abschluss hatten wir uns vor Verlassen der Nordlichtzone nicht wünschen können.

Ja, was liegen wir denn so schief im Wasser? Sind wir schon wieder auf der Barentssee? Nein, wir sind nicht wieder gen Norden gefahren, aber heute tanzen die Schaumkronen auch an der Helgelandküste auf dem Meer. Das wird eine lustige Polarkreisüberquerung. Als es soweit ist, drängelt sich alles unter den überdachten Flächen, da man am Heck eher unfreiwillig fliegen lernt. Selbst mit einem Viertausendstel Belichtungszeit schafft man es heute Bilder zu verwackeln. Zum Bug hin kann sich das Wetter nicht zwischen Sturm und Sonnenschein entscheiden. Die Wolkenschichten türmen sich bedrohlich auf, mal regnet es, dann wieder gibt es eine Minute schönstes Fotowetter. Länger als 15 Minuten bleibt aber kaum jemand draußen, denn unsere Schieflage hat sich nicht wesentlich verbessert und im Sitzen nimmt es sich leichter. Allerdings stellen wir auch da fest, dass es sich eindeutig besser sitzt, wenn man die Neigung des Schiffes im Rücken hat. Andernfalls rutscht man in schöner Regelmäßigkeit von seinem Platz.

Der Wind bessert sich auch bis Sandnessjøen nicht, aber wir versuchen es mal mit dem Anlegen. Nach zwei Fehlversuchen liegen wir endlich fest und wer sich aus dem Schiff traut, den bläst der Wind gleich wieder hinein. Offensichtlich ist das ein Wink mit dem Zaunpfahl und wir nehmen es zum Anlass auf den Rundgang heute zu verzichten. Wird das was mit Brønnøy-

sund? Da habe ich ja anlegetechnisch auch schon einiges erlebt. Aber hier läuft heute alles planmäßig. Noch einmal gibt es
am Abend Nordlicht, aber die Luft ist jetzt raus und mehr als
ein laues Lüftchen ist nicht mehr drin.

MS Nordnorge, 25. Oktober

Unsere Parallelgruppe verlässt uns heute. Nordlicht und Sterne
endet ja in Trondheim und so haben wir das Schiff jetzt für
uns. Von unseren Kollegen haben wir uns zur Sicherheit schon
am Vorabend verabschiedet, denn im Aussteigegewusel bleibt
dann oft doch nicht mehr die Zeit um sich ordentlich „Auf
Wiedersehen" zu sagen. Kaum haben wir in Trondheim abgelegt, hagelt es allerdings schon WhatsApp Nachrichten von den
Kollegen. Zwei Gäste der Gruppe haben ihr Gepäck auf dem
Schiff stehen lassen. Ich frage mich in solchen Situationen ja,
ob es einem nicht merkwürdig erscheinen muss, dass die Mit-
reisenden alle mit Koffern am Bus stehen, während das eigene
Gepäck sich im Schiff aneinander schmiegt. Merkwürdig. Natürlich schwebt die Frage über dem Schiff, wie das Gepäck
denn jetzt zu den Gästen kommt und ich fühle mich zwanghaft
an meine Taschenstory der Augustreise erinnert. Gut, dass
diesmal nicht ich das Reiseleiter-Taschenbeschaffungs-
Glückslos gezogen habe.

Die Gästekoffer haben wir also noch, aber dafür hat uns das Wetter heute verlassen. Bis mittags fällt es noch so gerade unter „passabel", aber am Nachmittag schüttet es aus allen Rohren. Rausgehen? Nein. Dafür finden sich heute alle zu unserem Gruppen-Abschlusscocktail zusammen. Schon vor Tagen haben wir den Raum bei der Bordreiseleitung vorbestellt, nur dem Restaurant haben wir vergessen mitzuteilen, dass es uns achtzig Gläser Prosecco zum Konferenzraum liefern soll. Ach Du heiliger Mist. Wir überlegen fieberhaft, wo wir innerhalb von drei Sekunden den Oberkellner herzaubern können, während die ersten Gäste schon in unserem Raum Platz nehmen. Stress. Es gelingt uns tatsächlich ihn aufzutreiben. Wir erklären ihm, dass wir in null Komma nichts ein paar Flaschen Prosecco und achtzig Gläser brauchen, etwas, was mit der norwegischen Mentalität so gar nicht kompatibel ist. Spontan? Nein, das ist nicht des Norwegers Sache. Augenklimpern? Gut, manchmal kann der Norweger an sich doch spontan. In Windeseile kommt der Oberkellner mit einem hübschen Wagen zurück, darauf achtzig Gläser und die begehrten Flaschen. Damit es schneller geht, lassen wir zu dritt die Korken knallen. Einschütten im Akkord. Abschlusscocktail gerettet.

Bleibt die Hustavika. Da keiner von unserer Gruppe den Ausflug zum Marmorbergwerk Bergtatt gebucht hat, müssen es alle durchstehen. Aber trotz des heftigen Windes hat sie heute keine Lust uns an der Küste entlang zu schaukeln. Alles bleibt ruhig. Danke, danke, danke.

MS Nordnorge, 26. Oktober

Die Sonne hat uns wieder. Und damit auch die Erinnerung an einen Tourbeginn in Bergen im Starkregen. Heute wäre das richtige Wetter für die Stadtrundfahrt und zu allem Überfluss ist es auch noch ungewöhnlich warm. Ja, Wetter kann man eben nicht bestellen. Am Flughafen spielen wir fröhliches Flugroulette. SAS hat den Gästeflieger nach Kopenhagen gestrichen und die Gäste werden munter auf alle möglichen Maschinen verteilt. Ich verfolge das ganze nur per SMS, da ich die einzige bin, die nur Inland nach Oslo fliegt und ich mich demzufolge nicht im internationalen Bereich des Flughafens aufhalte. Meine Kollegin hat diesmal das Organisations-Glückslos. Ich darf heute Flugzeug-Kino schauen, nicht lange und die KLM-Maschine mit dem größten Teil der Gäste rollt vorbei und hebt schließlich ab. Fünf Tage habe ich nun in Oslo um mich auf die nächste Tour vorzubereiten, bei der wir uns mit großen Schritten auf die Polarnacht zubewegen werden.

Der Polarnacht entgegen oder:
wenn der Winter sich häuslich einrichtet

Oslo, 31. Oktober

Alle Gäste in einem Flieger. Ich wusste gar nicht mehr wie dieser Luxus ist. Das verspricht eine stressfreie Ankunft und wenig Wartezeit. Ersteres wird gleich bei den ersten Gästen zerstört, die ihre Koffer im Sicherheitsbereich gelassen haben. Wir haben doch Gepäckservice. Ja, aber doch nicht vom Gepäckband weg. Das geht ja gut los. Also führe ich zum x-ten Mal die hübsche kleine Diskussion mit dem Flughafenpersonal, dass die Gäste zurück in den Sicherheitsbereich müssen. Nach dreißig Minuten haben wir die Koffer und siehe da: auch alle anderen Koffer haben sich diesmal zeitgleich mit den Gästen zum Ziel bewegt. Ein Segen.

Auf der Stadtrundfahrt kämpfen wir mit der Dunkelheit. Die Uhr ist auf Winterzeit umgestellt, um halb fünf ist die Sonne weg. Dafür beschert sie uns auf Bygdøy den Sonnenuntergang der Woche, fasziniert schauen wir alle in den Oslofjord und genießen.

Am Abend hole ich schnell mein Gepäck in meinem Apartment, die Variante ist mir lieber, als am Flughafen bereits den ganzen Kram dabei zu haben. Bei dem ganzen Begrüßungsgewusel hat man immer nur ein halbes Auge auf seinen Koffer und es lebt sich entspannter beim Hände schütteln, Liste abhaken und Infozettel austeilen.

Da heute ausnahmsweise nichts Besonderes mehr anliegt und alle soweit zufrieden sind, gönnen wir uns eine extralange Nacht mit sechs Stunden Schlaf. Das ist ein wahrer Luxus vor dem Bergenbahn-Frühaufstehertag. Wird das eine Luxustour? Ich bin gespannt.

Bergenbahn, 01. November

Mein Gott, schon November. War nicht eben noch Frühlingsbeginn? Bei so vielen Touren fliegt das Jahr nur so vorbei. Mal sehen, was das Thema Luxus heute sagt. Die Bergenbahn scheint ihren Teil dazu beizutragen. Der Winter ist auch auf der Strecke zaghaft angekommen, wir fahren vorbei an vereisten Seen, wunderschönen Lichtstimmungen, Bergen, die sich im eiskalten Wasser spiegeln. Ein Vorwintertraum.

Auf halber Strecke ziehen Wolken heran und wenig später ergießen sie ihren gesamten Regenvorrat über unseren Zug. Luxus? Wo bist Du hin. Bis Bergen ändert sich nichts. Regen über Regen. Und IN Bergen? Natürlich regnet es. Ok, ich verbuche das Ganze zunächst unter Bergener Luxus, einfach schönreden. In Bergen geht es gleich weiter mit Luxus. Es fehlt ein Guide für die Stadtrundfahrt. Wir verteilen die Gäste schon mal auf unsere zwei Busse, während wir so ziemlich alle Telefonnummern wählen, um den zweiten Guide herbeizuzaubern. Er ist unauffindbar. Notfallplan. Da unsere Gruppe diesmal ziemlich klein ist, finden alle in einem Bus Platz. Kurzerhand zieht die eine Hälfte zu der anderen Hälfte und wir können zur Rundfahrt starten. Der Luxus ist wieder da. Offensichtlich hat er sich aber in punkto Kompatibilität der Gruppe mit der Größe des Busses bereits verausgabt. Für eine Wetterverbesserung reicht die Kapazität nicht mehr. Und auch nicht dafür, uns eine barrierefreie Fahrt zu bescheren. Ganz Bergen ist eine Baustelle, an jeder Ecke müssen wir rangieren um überhaupt irgendwie durch die Stadt zu cruisen. Zwischenzeitlich gießt es so stark, dass man durch die Scheiben des Busses rein gar nichts mehr sehen kann. Blindfahrt. Bei unseren Stopps wäre die passende Gelegenheit, einen Blick auf die Stadt außerhalb des Busses zu werfen. Allerdings wissen wir nicht, was besser ist: nichts sehen und im Trockenen sitzen oder etwas sehen und in zwei Sekunden bis auf die Haut durchnässt sein. Alle sind für: drinnen und trocken.

Dementsprechend ist jeder dankbar, als wir am Terminal zum Einchecken vorfahren. Wir sind das erste Schiff, das wieder im Winterfahrplan unterwegs ist, heute also kein Stress, ob man vor dem Ablegen noch schnell das Abendessen runterschlucken kann. Alles entspannt. Luxus.

MS Nordkapp, 2. November

Schon an Tag zwei Schaukelstunde, das hatte ich auch schon lange nicht mehr. Stadhavet ist heute Morgen großzügig mit dem Wellengang und wirft uns munter hin und her. Tabletten gegen Seekrankheit sind heute der ultimative Verkaufsschlager im Bordshop. Beim Frühstück herrscht ungewöhnliche Leere im Restaurant. Wo sich sonst an Tag zwei üblicherweise alle auf einmal tummeln, kann man sich heute über mehrere Tische ausbreiten. Luxus, zumindest für die, die noch mit rosiger Gesichtsfarbe glänzen. Allerdings sind heute auch wieder mehr als zwei Arme hilfreich um Teller und Tassen auf dem Tisch zu halten. Alle paar Minuten klirrt es irgendwo. Scherben bringen Glück. Bis zum Mittag erholen sich die meisten auf ihrer Kabine in der Hoffnung, dass die Schaukelei nicht zwölf Tage anhalten möge.

Da Fjordfahren an Tag zwei im Winterfahrplan passé ist, sind wir wieder drei Stunden in Ålesund. Nach dem Sommer ist das auch mal wieder schön hier nicht gegen die Zeit durch die Stadt zu bummeln. Luxus. Eigentlich wäre der Aksla mal wieder dran, aber heute habe ich noch keinen Elan dazu.

Am Abend schielen die meisten schon auf die Hustadvika und auch wir Reiseleiter fragen uns schon, wie bewegt es denn werden wird. Gut, dass die offene Seestrecke nordgehend erst nach dem Essen dran kommt. Als wir auf der Höhe von Bud sind, gibt es ordentlich rambazamba, dabei haben wir noch nicht mal wirklich das offene Meer erreicht. Aber oh Wunder, der Wind dreht in eine für uns günstige Richtung und schiebt uns relativ schaukelfrei über die Seestrecke. Luxus. Zeit, das Haupt zu betten.

MS Nordkapp, 3. November

Sonnenaufgang deluxe. Langsam klettert sie hinter dem Horizont hervor und taucht Trondheim in fabelhaft goldenes Licht. Und zu dieser Jahreszeit muss man noch nicht mal mehr ein Extremfrühaufsteher sein um diese Lichtstimmung zu genießen. Luxus. Entgegen des Wetterberichts, ist nichts von Regen zu sehen. Anlass für einen ausgiebigen Bummel durch die Stadt. Es gilt außerdem wieder die wenigen Stunden Tageslicht zu nutzen, der Nachmittag gehört der Dunkelheit.

Kjeungskjær erstrahlt noch gerade in der letzten Helligkeit, als wir den Leuchtturm am Nachmittag passieren. Mit dem Stokksund wird das jetzt nichts mehr, er fällt der spätherbstlichen Jahreszeit zum Opfer.

Am Abend spielen wir unser beliebtes Spiel: alles festhalten. Wie auf der letzten Tour rüttelt uns die Folda zum Abendessen kräftig durch. Rutschfeste Tischsets wären gelegentlich hilfreich. Da wir keine haben, versuchen wir mit Servietten und allem, was sich als Unterlage missbrauchen lässt, das Schlimmste abzuwenden. Aber die Folda ist stärker. So schnell wie Essen und Getränke sich auf dem Boden wieder finden, kann man gar nicht danach schnappen. Nicht lange und die ersten Gäste verabschieden sich. Im Nu ist das Restaurant wie leer gefegt. „Bitte lass Rørvik bald kommen" steht den meisten ins Gesicht geschrieben.

In Rørvik schließlich liegt heute die Richard With neben uns. Rüber gehen? Logo. Ein kleines Schwätzchen am Abend mit den Kollegen vom anderen Schiff ist ein guter Tagesabschluss. Die sind allerdings ziemlich genervt, zu viele Tage mit Seegang und entsprechend gecancelten Häfen und Ausflügen auf der Tour. Schade für die Gäste. Ja, so ist das mit dem Wetter. Man muss es nehmen, wie es kommt.

MS Nordkapp, 4. November

Der Tag wird immer kürzer, aber schließlich sind wir ja auch schon wieder jenseits des Polarkreises. Vor Bodø erwartet uns heute ein Lichtschauspiel der Extraklasse. Der Sonne-Wolken-Mix erzeugt Lichtstimmungen, so dass man den Blick gar nicht abwenden kann. Zuweilen denkt man, dass man auf ein Gemälde schaut statt auf eine reale Landschaft. Selbst das sachliche Bodø erstrahlt heute in goldenem Glanz und die Wolken brauen sich so bedrohlich zusammen, als wollten sie sich gleich sintflutartig ergießen. Gott sei Dank tun sie es nicht. Luxus.

Wir sind gespannt, wie uns der Vestfjord gesonnen ist. Unglücklicherweise halte ich genau zu dieser Zeit den ersten unserer Gruppenvorträge, mal sehen, wie viele kommen und wie viele bis zum Schluss durchhalten. Aber vielleicht wird es ja gar nicht so schlimm. Ich versuche jedenfalls mit dem reden fertig zu sein, bevor wir gänzlich aus dem schützenden Küsteneinfluss heraus sind. Tatsächlich erscheinen fast alle zu unserer Veranstaltung und die See hält sich so lange einigermaßen zurück, bis ich mit meinem Vortragsthema durch bin.

Nebenbei bewegen wir uns wieder auf die Nordlichtzone zu. Vielleicht heute Abend im Raftsund? Wer schiebt die Wolken für uns weg, die sich wieder zusammengerauft haben. Immerhin gibt es kleine Wolkenlücken, durch die der Vollmond strahlt. Warten. Dann leuchtet es grün auf. Haben wir Glück? Nein, heute Abend wird es nur eine 30-Sekunden-Veranstaltung. Na macht nichts, wir sind ja erst am Nordlicht-anfang der Tour. Umso mehr genießen wir den Vollmond, der sich durch die Wolkenlücken hindurch im Wasser spiegelt. Wunderbar. Und auch wenn es an diesem Abend kein Nord-licht mehr gibt, erleben wir noch ein Highlight. Der Trollfjord ist ja an sich im November bereits tabu, mehr als an die Mün-dung fahren ist nicht drin. Aber nicht heute. Der Wind steht günstig, die Strömung hält sich zurück und so gleiten wir im Angesicht des Vollmondes in den winzig kleinen Fjord, drehen lautlos und zwängen uns durch die enge Mündung wieder hin-aus. Eine Stecknadel könnte man fallen hören, so still ist es. Das nennt man gesteigerten Luxus!

MS Nordkapp, 5. November

Wir sind im Schnee angekommen. Bereits in Finnsnes leuchtet uns die weiße Pracht von allen Seiten an. Dazu gibt es klirren-de Kälte gratis, die Fingerchen sind dankbar für mollig warme Handschuhe. Aber bei so wunderbarem Wetter muss man ein-fach draußen sein, rosa Winterlicht überall. Weiter geht es gen Tromsø und auf einmal sieht man nichts mehr. Eine Nebel-wand hat uns eingehüllt und es sieht so aus, als wenn unser

Schiff auf den Wolken dahingleiten würde. Wo sich der Nebel lichtet, schwimmen ein paar Fischerboote auf dem Wasser, das Herz eines jeden Landschaftsmalers schlägt hier wahrscheinlich haushoch.

Weit vor Tromsø ist die Eismeerkathedrale in Sicht, sie thront ebenfalls bereits im Schnee, aber mit einer Ankunft bei Tageslicht wird das schon nichts mehr. In gut zwei Wochen wird die Sonne hier nicht mehr aufgehen. Nach fünf Stunden in der Kälte stehen bin ich dann aber auch bis in jede Zelle durchgefroren, scheinbar wird das mein erster Besuch in Tromsø, bei dem ich nicht das Schiff verlassen werde. Meine Kollegin begleitet den Ausflug zu den Huskys, ein guter Moment um in Tromsø mal auf dem Schiff zu bleiben. Schließlich sind wir hinter Tromsø in der Nordlichtsuperzone und da will man ja wieder draußen sein. Aufwärmen also.

Bis zum Abend öffnen wir minütlich unsere Wetterapp, was denn die Wolkendecke sagt. Die Bewölkung arbeitet sich zügig von 100% auf 40% runter. Geht doch. Und kaum ist das Abendessen auf dem Tisch, geht es auch schon los mit dem Nordlicht. Schneller servieren bitte. Als das Dessert endlich abgehakt ist, stürmen wir alle raus. Es tanzt, es flackert, es leuchtet. Lila, grün und rot. Luxus! Bis zur Nasenspitze sind wir eingepackt mit allem, was tauglich ist, Wärme zu spenden.

Je mehr Schichten, je besser. Nach einer Stunde ist die Show vorbei und wir sind glücklich.

MS Nordkapp, 6. November

Regen fällt auf gefrorenen Boden, was gibt das? Keine guten Voraussetzungen um zum Nordkap zu fahren. Vorläufig steht der Ausflug aber noch, mal sehen, ob wir den Globus heute sehen. Der Winter ist weiter vorgedrungen, eine hübsche Schneedecke ziert bereits Honningsvåg und auch die ganze Insel liegt bereits im Schnee. Noch nicht meterhoch, aber es reicht für das erste Winterfeeling. Um 11:10 Uhr ist es amtlich. Wir fahren zum Nordkapp. Nicht mehr lange und es gibt auf dem letzten Stück der Straße wieder Kolonne fahren. Heute können wir so durch. Bewölkung vom Feinsten lässt es heute nicht so richtig hell werden, falls man von hell überhaupt noch sprechen kann, mehr als drei Stunden Tageslicht sind sowieso nicht mehr drin. Als das Nordkapp-Plateau in Sicht ist, hat die Sonne sich bereits wieder verabschiedet. Dafür bläst der Wind wie lange nicht mehr und er raubt einem den Atem. Gäste am Globus fotografieren ist heute eine besondere Herausforderung. Jede Kamera übergeben wir wie ein rohes Ei. Gut, dass es Sicherheitsschlaufen gibt. Bestimmt sähe es eigenartig aus, wenn ein Kamerateppich in der Barentssee schwimmt.

Ohne gelegentliches Aufwärmen in der Nordkapphalle geht es nicht. Auch der eingefleischteste Winterfan muss irgendwann gegen die Kälte aufgeben. Und dem verlockenden Geruch von Waffeln drinnen kann man sowieso nicht widerstehen.

Kurz vor Abfahrt zurück zum Schiff setzt zauberhafter Regen ein und richtet genau das an, was man als Fußgänger gar nicht gebrauchen kann. Blitzeis. Also nicht, dass Busse sich über so etwas freuen würden, aber immerhin haben sie Spikes unter den Reifen im Gegensatz zu mir. Meine Spikes liegen auf dem Schiff. Kein Luxus. Entsprechend wird gehen jetzt zur allgemeinen Belustigung. Als ich versuche zum Bus zu gelangen, schiebt mich der Wind galant daran vorbei. Kein Halten. Hiiiiiiilfe. Einer der Guides muss mich einfangen, sonst wäre ich wahrscheinlich ohne Bus bis zum Schiff zurückgeschlittert. Am Schiff angekommen, brauchen wir alle eine halbe Ewigkeit, bis wir die Gangway endlich erreichen. Unser Hotelchef biegt sich vor Lachen über die seltsamen Verrenkungen, die wir machen. Vielen Dank.

MS Nordkapp, 7. November

Heute gibt es Abwechslung, das ist mir in Kirkenes sehr willkommen. Ich werde um 9 Uhr am Schiff abgeholt von einer Freundin, die hier lebt und ein Unternehmen für Ausflüge in die Natur der Umgebung betreibt. Herrlich. Also statten wir ihrer Halle einen Besuch ab, in der die Schneemobile auf ihren Einsatz warten. Noch ist es nicht so weit, der Fjord ist noch lange nicht zugefrorenen und wer möchte schon mit dem Schneemobil aus dem eiskalten Wasser gefischt werden. Heute also nur gucken. Aber wir verabreden jetzt schon, dass ich diesen Winter mit auf Schneemobiltour gehe. Jaaaaa, das wird ein Spaß. Die Tatsache, dass man da einen Helm aufziehen muss, blende ich aus, bis es soweit ist. Ich und Helme, das ist eine eigene Geschichte. Heute wird es erst einmal eine gemütliche Tasse Kaffee mit Blick auf die wunderschöne Umgebung von Kirkenes. Massig Zeit noch bis zum Ablegen und wir entscheiden uns zu einer spontanen Fahrt an die russische Grenze. Man kann ja fast hinspucken. An sich ist da nichts Besonderes, ein Schlagbaum, ein Schild, dass der Schengener Raum hier endet. Das war es auch schon. Wir wählen aber einen anderen Grenzpunkt. Vom Übergang nach Russland her auch nicht viel spektakulärer, aber der Blick auf den Grenzfluss und die Weite des Landes ist zauberhaft. Alles liegt schneebedeckt da wie im Schlaf, der Grenzturm in Sichtweite. Irgendwie fühlt man sich hier beobachtet, obwohl keine Grenzbeamten zu sehen sind. Also begnügen wir uns damit die fabelhafte Aussicht zu genießen. Weiter fahren wir am Fjord entlang, quatschen, machen Fotostopps, ein Vormittag der Glücksmomente.

Und wieder einmal heißt es südgehend, so schnell, wie man wieder einmal gar nicht gucken kann. Die Barentssee zeigt sich heute tatsächlich versöhnlich und schiebt uns windmäßig moderat durch die Wellen. Keine Seekranken heute. Und weil das so ist, gibt es am Abend tatsächlich eine Vinkekonkurranse gegen die Finnmarken. Ob das so ein Trauerspiel wird wie unsere Augustbegegnung, wo die Anzahl derer, die bei uns an Deck draußen standen, eher überschaubar war? Ich bin gespannt. Noch um 21 Uhr ist von Vorbereitung nichts zu sehen bei uns. Auch die Musikanlage findet nicht den Weg nach draußen. Hallo? Ich denke wir machen Vinkekonkurranse. Es kommt wie es kommen muss. Die Finnmarken kommt uns als hüpfendes Partyschiff entgegen, die ausgelassene Stimmung kann glatt noch unser Schiff mitversorgen. Bei uns? Gähn! Nein so kann man wahrlich keinen Staat machen. Wir tragen es mit Fassung. Dafür beglückt uns das Nordlicht noch einmal mit einer grandiosen Vorstellung. Um Eindrucksvolle Fotos zu machen, ist es dann allerdings doch zu schaukelig, also genießen wir mit den Augen.

MS Nordkapp, 8. November

Wir haben die Barentssee verlassen, zur großen Freude der Seekrankheitsanfälligen. Dementsprechend genießen heute alle den Schönwetteraufenthalt in Hammerfest. Kein Wölkchen am Himmel und heute Abend befinden wir uns wieder zwischen Skjervøy und Tromsø. Auch unsere Wetterapp bescheinigt uns einen wolkenfreien Himmel bis in die Nacht, dazu ein hoher KP-Index, gute Voraussetzungen um heute Nordlicht an Land zu fotografieren, wenn die Ausflügler im Mitternachtskonzert sitzen. Diejenigen, die sich dafür nicht angemeldet haben, verabreden sich für den späten Abend am Kai. Gestochen scharfe Bilder ohne Schiffsgeschaukel, das verspricht ein Erlebnis der Extraklasse zu werden. Bereits bevor wir Tromsø erreichen, leuchtet der Himmel grün. Natürlich schießen wir auch jetzt schon fleißig Fotos, die farbigen Schleier tanzen einfach zu schön über uns. Als wir uns Tromsø nähern, ziehen Wolken auf. Das kann ja jetzt wohl nicht wahr sein. Ruhe bewahren. Bestimmt ist das nur ein klitzekleines Wolkenband.

Nach dem Anlegen stürmen wir mit unseren Stativen raus und bauen unser Equipment hübsch in einer Reihe am Kai auf mit Blick auf die Tromsøbrücke und die Eismeerkathedrale. Die Uhr tickt. Eindreiviertel Stunden haben wir Zeit um die Bilder unseres Lebens zu schießen. Und blicken in eine Wolkendecke. Hat zufällig jemand ein Flugzeug mit Silberoxid dabei um den Vorhang aufzureißen? Warten. Nach einer halben Stunde reißt es tatsächlich auf. Endlich. Bis dahin haben wir bereits gefühlt zweitausend Fotos von der beleuchteten Eismeerkathedrale gemacht. So, jetzt kann das Nordlicht kommen. Ticktack ticktack. Nichts tut sich. Hat der KP-Index nicht hohe Sonnenaktivität angezeigt? Ja, wo ist das Nordlicht denn nun. Die Uhr tickt weiter. Heiße Suppe käme uns jetzt gerade recht. Arschkalt, wenn man so an einer Stelle steht. Am Himmel immer noch keine Show. Das gibt's doch nicht. Wir stehen immer noch ohne Ergebnis draußen, als das Mitternachtskonzert zu Ende ist. Come on, noch zehn Minuten Zeit, bis die Busse wieder am Schiff sind, Nordlicht bitte. Es ist wie verhext. Bald sehen wir die Busse über die Tromsøbrücke zurückkommen. Zeit zusammen zu packen. Ein Nordlichtreinfall. Aber so ist das. Es kommt, wie es will und heute Nacht wollte es nicht. Pech.

MS Nordkapp, 9. November

Starkregen. Ja, das ist super an Tag neun. Soll das jetzt heute so bleiben und die zauberhafte Vestrålen-Lofoten-Welt im Wasser versinken? Nachdem die Sintflut von oben sich eine Stunde ergossen hat, gibt die Sonne eine Dreißigsekundenvorstellung in Sonnenaufgangstechnik zwischen Harstad und Sortland. Das ist aber auch das Einzige, was wir von ihr heute zu sehen bekommen. Wirklich schade für die, die den Ausflug über die Vesterålen gebucht haben.

In Sortland allerdings erfahren wir, dass der Regen als hartnäckiges Exklusivgestöber ausschließlich unser Schiff erfreut hat. Glück für die Ausflügler. Mehr ist heute beim Wetter aber nicht mehr drin. Kaum einer traut sich in Stokmarknes und

Svolvær raus und die, die es tun, erscheinen nach spätestens zwanzig Sekunden zurück im Schiff, bis auf die Haut durchnässt. Nein, das macht keinen Spaß. Alle Ausflüge in Svolvær fallen dem Regen zum Opfer, wer möchte auch schon zu Pferd im Starkregen den Abhang hinab purzeln. Keine gute Idee. Wir hoffen auf besseres Wetter morgen.

MS Nordkapp, 10. November

Starkregen wurde ersetzt durch Nieselregen. Immerhin schon eine Verbesserung. Zur Polartaufe kann das trotzdem nicht die Massen rauslocken. Das Wetter spielt bald unser beliebtes Spiel: alle Wetterlagen in zehn Minuten. Regen, Sonne, Wolken, Gewitter, alles auf einmal. Die sieben Schwestern? Ja wo sind sie denn nur schon wieder. Eingehüllt in ein dickes Wolkenpaket. Auch heute kann man sie hinter Sandnessjøen kaum ausmachen. Zeit um hier mal wieder an Land zu gehen. Eine halbe Stunde Liegezeit ist zwar schnell rum, aber um durch die Fußgängerzone zu schlendern, reicht es. So kann man auch gleich der Statue von Petter Dass mal wieder einen Besuch abstatten. Im Ausland ist der norwegische Pfarrer gemeinhin nicht sonderlich bekannt, aber in Norwegen hat er sich einen festen Platz als bedeutender Lyriker erobert. Hier kennt ihn jeder. Und da er nun mal von der Helgelandküste kam, wurde ihm eben auch genau an selbiger ein Denkmal errichtet. Nachdem er von seinem kleinen Platz wohlwollend auf uns herab geblickt hat, machen wir uns auf den Weg zurück zum Schiff.

Petter Dass´ Wohlwollen reicht jedoch nicht aus, um uns heute freundliches Wetter zu bescheren. Die Helgelandküste umgibt sich mit zartem Nebel und auch als wir an der Wirkungsstätte des Pfarrers, der niedlichen Kirche von Alstahaug, vorbei fahren, gibt der Nebel den Blick nicht frei. Schade.

MS Nordkapp, 11. November

Wind ist angesagt. Kräftiger Wind. Grund für uns die Werbetrommel zu rühren für den Bergtatt-Ausflug. Das Schöne daran ist ja, dass man die Hustadvika umgeht, wo wir wellentechnisch schon so einiges erlebt haben. Aber auch der Ausflug an sich ist nicht zu verachten, das Marmorbergwerk entführt einen in die Welt der Geologie und wartet mit einem zauberhaften, glasklaren See auf. Viele beherzigen unseren Rat, vor allem die, die schon die ganze Tour über bei Seegang kräftig gelitten haben und auf keine weitere Schaukelstunde aus sind.

Die Bordreiseleitung hat bereits hohe Wellen angesagt, was einigen Gästen den Angstschweiß auf die Stirn treibt. Bloß nicht nochmal die Übelkeit aushalten müssen. Vorsichtshalber räume ich in meiner Kabine auch schon mal zerbrechliches auf den Boden, man kann ja nie wissen. Hinter Kristiansund ist es noch moderat, aber wir sind ja auch noch nicht aus der geschützten Zone raus. Warten aufs Schaukeln. Pünktlich bei Bud geht es los, zunächst noch als passabel auszuhaltender Wellengang. Aber es wird stärker. Die Aufzüge werden vorsorglich außer Betrieb gesetzt. Wir Reiseleiter machen es uns auf Deck sieben gemütlich, da schaukelt es wenigstens richtig. Kaffee balancieren ist allerdings jetzt schon unmöglich. Man kann ja auch mal zwei Stunden ohne Kaffee aushalten. Das Schaukeln wird heftiger. Die Außendecks sind ab jetzt tabu, zu gefährlich. Nach kurzer Zeit ist kein Gast mehr im Schiff zu sehen. Wir kämpfen uns von Deck sieben auf Deck vier runter. Bislang war ich zwar nicht anfällig gegen Seekrankheit, aber man muss es ja nicht herausfordern. Auch hier ist außer der Crew kein Mensch mehr zu sehen. Ist wie Achterbahn fahren. Die Wellen umspülen unser Schiff aus allen Richtungen, da kann man schon nachvollziehen, dass es einigen zum Würgen ist. Wir bleiben Gott sei Dank auch diesmal von Übelkeit verschont. Dieses Glück ist aber offensichtlich nicht vielen beschieden. Zum Abendessen erscheinen ganze zehn Mann im Restaurant. Essen Nachordern sollte heute kein Problem sein. Mich hat ja Seegang noch nie vom Essen abgehalten, die meisten ergötzen sich heute allerdings an Crackern und Tabletten gegen Seekrankheit.

Als die Bergtatt-Ausflügler in Molde wieder zusteigen, kann man die inneren Jubelschreie förmlich hören, die offene Seestrecke umgangen zu sein. Sie lassen sich das Abendessen nun bei wieder ruhiger See schmecken. Wahrscheinlich sind die Portionen ob des Nahrungsüberflusses extra groß geraten.

MS Nordkapp, 12. November

Der Seegang von gestern ist an vielen nicht spurlos vorüber gegangen. Der ein oder andere hätte sich über ein extralanges Kabinenschläfchen bis zum Mittag gefreut, aber daraus wird am Ausschiffungstag nichts. So hängen viele etwas in den Seilen, während wir auf die Ankunft in Bergen warten. Zur Aufmunterung läuten wir noch ein kleines Gruppentreffen ein und bald sitzen wir schwatzend im Konferenzsaal, den Seegang von gestern erörternd. Habt Ihr das schon noch schlimmer erlebt? Das ist eine Frage, die wir Reiseleiter immer wieder hören. Und ja, es geht noch deutlich schlimmer. Im Winterhalbjahr muss man zuweilen leider mit ungemütlichem Seegang rechnen und nicht umsonst heißt es immer mal wieder, dass das ein oder andere Schiff in Alta abwettern muss, um der Barentssee zu entgehen. Auch wenn wir immer noch fahren, wenn schon jeder andere den Betrieb eingestellt hat, haben auch die Hurtigrutenschiffe Grenzen. Die liegt aber meist schon jenseits des

Magenschonprogramms. Gut, dass dieses Programm diesmal nicht auf unserem Plan stand.

Am frühen Nachmittag ist Bergen in Sicht. Bis zur nächsten Tour bin ich jetzt sechs Wochen schiff-frei, also kann auch mal alles Liegengebliebene aufgearbeitet werden. Mit der MS Finnmarken werde ich ins neue Jahr fahren. Es wird die letzte Tour sein, die ich hier aufzeichne.

Jahreswechsel auf hurtigrutisch oder: hello 2018!

MS Finnmarken, 27. Dezember

Silvestertour. Bereits zum dritten Mal hintereinander verbringe ich den Jahreswechsel auf einem Hurtigruten-Schiff. Zum zweiten Mal in Tromsø. Ich bin gespannt, wie der Silvesterabend werden wird, das ist ja so etwas wie ein großes Überraschungspaket, was Wetter und Nordlicht angeht. Aber zunächst heißt es die Gäste in Empfang nehmen. Nach langer Zeit mal wieder in Bergen statt in Oslo und zum ersten Mal im neuen Terminal des Airports. Vorsichtshalber haben wir am Vorabend bereits erkundet, wo denn was ist in diesem Terminal. Immerhin hat man die Ausgänge für Inland und Ausland hübsch nebeneinander gelegt, so dass wir nicht durch das halbe Flughafengebäude müssen um die, die über Oslo reisen, in Empfang zu nehmen. Und oh Wunder, alles läuft reibungslos und alle Koffer haben mit den Gästen den Weg nach Bergen gefunden.

Vom Flughafen geht es diesmal direkt zum Schiff, keine Stadt-rundfahrt, wie es sonst bei unseren Gruppentouren üblich ist. Die MS Finnmarken erwartet uns schon. Alles läuft herrlich entspannt und wie geschmiert und kaum sind die Kabinen in Beschlag genommen, ist es auch schon Zeit für das abendliche Buffet. Bei den Gästen ist heute schon das wichtigste Thema: werden wir Nordlicht haben? Ja, das ist eben immer die große Glückslotterie auf den Winterreisen. Ich hoffe jedenfalls, dass ich in Punkto Seegang keine Wiederholung der letzten Silves-terreise erlebe, wo es zehn Tage in Folge so geschaukelt hat, dass wir am Ende der Tour mit reichlich Muskelkater gesegnet waren, allein davon, laufend den Körper stabilisieren zu müs-sen.

Bis zum Auslaufen habe ich jedenfalls schon mindestens zwanzig Kameras in der Hand gehabt um die Einstellungen für die Nordlichtfotografie vorzunehmen. Ruhig Brauner, wir ha-ben noch Zeit bis wir uns in der entsprechenden Region befin-den. Gut, auch in Bergen habe ich zuweilen schon Nordlicht gehabt, aber da die Stadt heute wieder mit ihrem typischen Regenwetter aufwartet, wird uns der grüne Schein heute Abend wohl kaum erfreuen. Als wir gen Norden starten, reißt die Wolkendecke ein wenig auf und lässt den Vollmond durchblit-zen. Ein wunderbares Szenario. Viele unserer Gruppe stehen am Bug um die Ausfahrt aus Bergen zu genießen und alle sind gespannt auf die Tour.

MS Finnmarken, 28. Dezember

Man merkt, dass wir uns im tiefsten Winter befinden. Die Tage sind wirklich von der Sorte: extrem kurz. Aber immerhin findet das Tageslicht noch ein paar Stunden zu uns. Kurz vor zehn Uhr erst bequemt sich die Sonne über den Horizont heute und beschert uns bei Torvik einen traumhaften Aufgang. Ja, wer diesmal auf scharfe Bilder der Tour aus ist, hat tagsüber vom Schiff aus nur wenig Zeit, die Speicherkarte zu befüllen. Und da das Wetter nicht besser sein könnte, beschließe ich gleich, heute endlich die Mole in Ålesund zu erobern. Seit ein paar Touren warte ich schon darauf auszuprobieren, welchen Blick man von dort hat. Den kleinen Leuchtturm, der sich darauf befindet, kann man sogar für Übernachtungen mieten.

Die Spikes wird man ja heute wohl noch nicht brauchen. Ich stapfe also mit meiner Kollegin los und im Nu haben wir auch ein paar Gäste im Schlepptau. Schon am Kai ist es ganz schön rutschig. Vielmehr: blankes Eis lässt uns gleich mal in den Pinguingang verfallen. Sinnvoller wäre gewesen die Spikes unter die Schuhe zu schnallen. Also hangeln wir uns jetzt schlitternd erst mal zur Straße. Einmal um den ganzen Sund müssen wir um die Mole zu erreichen. Immerhin sind wir nicht die einzigen, die in ihrer Fortbewegung so etwas wie Slapstick vorführen. Der Weg zur Mole erscheint uns endlos und wir sind dankbar über jede noch so kleine Fläche, die uns eisfrei ermöglicht, ein paar Schritte ohne wie auf Eiern zu laufen. Auf der Mole erwarten uns gefrorene Pfützen, aber immerhin kann man sich hier von eisfreiem Stein zu eisfreiem Stein hangeln. Ein echter Fortschritt. Dafür ist der Blick hier überwältigend. Die Sonne lässt die vereisten Pfützen in der Sonne glänzen. Unser Schiff versteckt sich zwar hinter dem Terminalgebäude, aber von hier hat man einen Traumhaften Blick auf den Aksla, das Hafengelände und die umliegenden Inseln und der kleine Leuchtturm ist einfach entzückend.

Kurz nach Auslaufen in Ålesund verabschiedet sich die Sonne auch schon wieder, in Tromsø wird sie sich dann ganz unter den Horizont verziehen. Die Gäste nutzen die frühe Dunkelheit um in unserer Sprechstunde vorbei zu schauen. Unser „runder Tisch" in der Cafeteria hat sich ja schon auf der Septemberreise bewährt, Zeit um uns hier wieder einzurichten. Nicht lange und die halbe Gruppe sitzt bei uns am Tisch, plaudernd, Fragen stellend und schon jetzt haben wir das Gefühl, dass das eine harmonische Reise werden wird.

MS Finnmarken, 29. Dezember

Sonnenaufgang 10:08 Uhr. Bereits um 8:40 Uhr bin ich unterwegs nach Trondheim, denn der Wetterbericht schreit geradezu nach einem vielversprechenden Sonnenaufgang, der am Nidarosdom bestimmt ganz besonders zauberhaft aussieht. Vorsorglich nehme ich heute die Spikes mit, denn der Weg in die Stadt ist heute dann doch ein wenig länger als gestern. Aber erstmal geht es ohne. Hier ist tatsächlich gestreut worden. Da sind die Norweger im Allgemeinen ja nicht so schnell dabei, aber in Trondheim hat sich wohl jemand erbarmt. Glück für mich. An der alten Stadtbrücke färbt sich bereits der Himmel in Rot- und Gelbtönen. Ein wunderschöner Anblick. Wenig später steht der Dom wie in Flammen, denn die aufgehende Sonne taucht ihn in die schönsten Farben. Das sind die Sternstunden einer Tour. Da vergisst man auch die Kälte schnell und genießt einfach.

Am Nachmittag reicht das Licht noch so gerade um den Kjeungskjær Leuchtturm zu sehen. Es dauert mal wieder ewig bis er näher kommt. Kalt an Deck. Saukalt. Also vertreiben wir uns die Zeit damit uns eine neue imaginäre Freundin zu kreieren. Schon am Mittag haben wir sinniert über falsche Aussprache der Häfen, die wir anlaufen. Der beliebteste Fehler ist hierbei wohl Äääälesund. Auf Platz zwei bugsieren wir Bodeux, quasi die norwegische Variante von Bordeaux. Wir hören immer wieder, dass der ein oder andere Bodø mit so etwas wie französischer Aussprache beglückt. Wie passend, dass das Á la Carte Restaurant auf der Finnmarken Babette heißt. Babette Bodeux ist geboren, unsere neue tägliche Ratgeberin für alle Fragen rund ums Schiff. Auch die Gäste haben sie nach fünf Minuten adoptiert. Bei Kameraeinstellungen ist Babette allerdings wenig hilfreich und so stelle ich heute fleißig in unserer Sprechstunde Kameras auf Nordlichtmodus.

Am Abend in Rørvik hält die MS Nordnorge keinen Kollegen für uns bereit, dem wir einen Besuch abstatten können. Alle haben ihre Freitour, keiner da, den wir kennen. Dafür erfreut uns der Kai auch in Rørvik mit blankem Eis, von einem Schiff zum anderen zu gehen kann ja so weit sein. Dazu schickt uns Odin (oder Babette?) einen kleinen, feinen Schneesturm, das scheint hier im Winter an der Tagesordnung.

MS Finnmarken, 30. Dezember

Der letzte Tag, den man so etwas wie Tag nennen kann, die Sonne bequemt sich von 11:30 bis 13:00 Uhr zu uns. Die Polartaufe findet also im Dunkeln bei windigem Schneeregen statt. Ein Fest. Wo sind die Gäste? Auch denen ist es zu kalt draußen und nach dreißig Sekunden begibt sich jeder wieder nach drinnen um ein bisschen Wärme zu inhalieren. Kaum zum Aushalten an Deck. Jetzt noch Eiswürfel in den Nacken? Nein! Die Menge der Taufwilligen ist heute sehr überschaubar und die wohlige Wärme von eiskaltem Wasser, das den Rücken herunter rinnt, will keiner so richtig in seine To-do-Liste aufnehmen. Das Ganze ist eine so kurze Vorstellung wie nie.

Das mit dem hell werden spottet auch heute jeder Beschreibung. Der Himmel ist konsequent zugezogen. Drinnen ist es ja so schön. Wollen wir das letzte Tageslicht wirklich so verstreichen lassen? Ja, wir wollen. In Bodø an Land? Dort ist letzte Nacht spontan ein halber Meter Schnee gefallen. Ok, wir lassen es. Schiffswärme ist ja so etwas Schönes. Wir schicken einfach Babette.

Außerdem kann ich so noch schnell mal meinen Vortrag durchgehen, den ich heute halte, bevor wir auf den Vestfjord rausfahren. Es ist immer hilfreich vorher damit fertig zu sein, denn im Winter weiß man ja nie, ob die offene Seestrecke eine Schaukelstunde bereithält. Bisher sind wir auf dieser Tour mit wenig Seegang gesegnet und wir fragen uns bereits, wer uns diesen Umstand wohl beschert hat. Und auch heute ist das Meer von der Sorte ruhig, so gar nicht wintertypisch. Bleibt die Frage nach dem Nordlicht. Seit heute bewegen wir uns ja im entsprechenden geographischen Bereich, aber kann mal jemand die Wolken wegschieben? So wird das nichts.

Nein, es bleibt dabei. Die Wolken wollen sich einfach nicht verabschieden. Auch im Raftsund gibt es heute keine Vorstellung, also erfreuen wir uns am ausgeleuchteten Trollfjord. Mehr ist heute Abend nicht drin.

Silvester. Tageslicht? Nein. Ab jetzt heißt es wieder gegen die Müdigkeit kämpfen. Ja, das Tageslicht fehlt dem Körper eben. Spätestens jetzt ist auch das natürliche Zeitgefühl völlig durcheinander. Da der Himmel immer noch zugezogen ist, kann heute auch von Dämmerung nicht so richtig die Rede sein. Bereits beim Mittagessen hat man das Gefühl man ist vom Abendessen aufgestanden. Bis zum Dinner schalten wir den gemäßigten Modus ein, der Abend wird noch lang.

Früher als sonst bittet die Küche heute zum Festessen. Statt drei Gängen dürfen heute fünf auf die Hüften. Natürlich haben wir uns alle fein gemacht und unsere Outdoorkleidung gegen ein festliches Outfit getauscht. Richtig feierliche Stimmung herrscht, als die Gäste zum Restaurant pilgern. Viele haben es uns gleich getan und sich herausgeputzt. Uns kommt die Idee nach dem Essen mit der Gondel auf den Storsteinen zu fahren, die Bewölkung hat sich inzwischen verzogen und Nordlicht sieht von dort oben bestimmt fantastisch aus. Allerdings verschwindet unser Plan schnell wieder in der Versenkung, nachdem wir möglichen Andrang an der Gondel und Fahrzeiten der Busse zusammengerechnet haben. Die Zeit ist zu knapp. Schließlich möchten wir ja mit den Gästen um Mitternacht anstoßen und auch die Gefahr unser Schiff zu verpassen schwebt über unserem Vorhaben. Wir lassen es lieber.

Kaum haben wir das Essen verschlungen, nähert sich die MS Spitsbergen Tromsø. Silvester gerät der Fahrplan immer etwas durcheinander, damit man mit zwei Schiffen auf das neue Jahr anstoßen kann. Weg mit der Festtagskleidung. Wieder warm eingepackt stapfen wir am Kai entlang in Richtung Tromsø-brücke. Wir wollen die Ankunft der Spitsbergen sehen. Während wir ziemlich in der Kälte schlottern, sehen wir von weitem ihre Weihnachtsbeleuchtung in der Dunkelheit. Es dauert ewig, bis sie sich endlich unter der Brücke hindurchschiebt. Immer wieder schielen wir nach oben. Nordlicht? Noch tut sich nichts.

Also drehen wir erst mal eine Runde durch die weihnachtlich beleuchtete Stadt um das Essen zu verdauen. Zehn Kalorien verbrauchen ist besser als gar nichts. Vorsorglich haben wir diesmal auch brav die Spikes unter die Schuhe geschnallt. Wie herrlich entspannt gehen auf Eis sein kann. Gegen halb zehn sind wir wieder auf dem Schiff. Viele starten jetzt zum Silvesterkonzert in der Eismeerkathedrale und was sehen wir? Ist da was Grünes am Himmel? Die kurze Aufwärmpause entfällt. Raus zum Bug. Und ja, tatsächlich. Es grünt am Himmel, zunächst zaghaft. Gerade jetzt, wo ein Großteil der Gäste gleich in der Kirche sitzen wird. Der Rest hat sich mit uns am Bug versammelt und starrt gebannt in den Himmel. Immer stärker wird es und nach einiger Zeit tanzt ein hübscher grüner Schleier hoch über der Eismeerkathedrale. Alle haben wir unsere

Kameras gezückt. Nordlicht fotografieren ohne Schiffsbewegung ist ein Fest, das uns nur selten beschieden ist. Besser hätte das alte Jahr nicht enden können. Bis kurz vor Mitternacht tanzt es vor uns und macht dann dem Feuerwerk Platz, das die Stadt Tromsø auf dem Storsteinen veranstaltet. Grandios. Alle sind wir wie gebannt. Sektgläser klirren. Willkommen 2018! Noch bis ein Uhr stehen wir mit den Gästen draußen bis die Kälte dann doch ihren Tribut fordert und es uns nach Wärme gelüstet. Längst haben wir abgelegt und fahren weiter Kurs Nord.

MS Finnmarken, 1. Januar

Der erste Tag des neuen Jahres wartet gleich mit gutem Wetter auf. Heute gibt es ordentlich Dämmerung. Vor Honningsvåg herrscht das berühmte rosa Licht der Polarnacht, wie geschaffen um den ersten Morgen des neuen Jahres zu genießen. Am Bug ist kein Mensch zu sehen. Schlafen etwa alle noch nach einer durchzechten Nacht?

Beim Anlegen stehen alle abmarschbereit um zum Nordkapp zu starten. Ein Jahr zuvor war ein Schneesturm alles, was wir von Honningsvåg sahen. Ausflug? Unmöglich. Dieses Jahr haben wir mehr Glück. Es ist sternenklar. Später als sonst starten wir mit den Bussen, da wir immer noch nicht wieder im regulären Fahrplan sind. Die Dämmerung hat sich bereits lange verabschiedet. Zum ersten Tag des Jahres haben wir den ultimativen Guide-Glücksgriff gemacht. 35 Minuten lang hören wir einen epischen Vortrag über das Fischereiwesen mit allen Daten, die man nicht braucht. Oder wollte ich schon immer mal wissen, wie ein Fischernetz geknüpft wird und welche Maße die Maschen haben? Nein. Ein paar Informationen über das Nordkapp wären hilfreich oder fahren wir gar nicht dahin? Möglicherweise sind wir in den Ausflugsbus für ein Fischerei-Intensivseminar geraten. Bis wir die Nordkapphalle sichten, haben wir so oft das Wort Fisch gehört, wie zwanzig Jahre davor nicht.

Alles stürmt zum Globus, wo heute wieder mal ein arktischer Wind bläst. Normalerweise kümmert uns das ja wenig, schließlich kann man sich immer wieder in der Nordkapphalle aufwärmen. Doch heute haben wir dafür keinen Sinn. Als wir am Globus stehen, zeigt es sich wieder am Himmel. Nordlicht. Hier am Nordkapp ist es auch für mich ein Erlebnis, noch nie habe ich hier Nordlicht gesehen. Welch ein gelungener Jahresstart. Wir fotografieren also was das Zeug hält und nach einer Stunde sehe ich vor meinem geistigen Auge nur noch heiße Badewannen vorbeiziehen, in denen ich jetzt liegen möchte. Die Kälte geht durch alles durch. Aber wir können uns einfach nicht von dem Anblick lösen.

Auch als wir in den Bus für die Rückfahrt steigen, tobt das Nordlicht noch über uns. Fabelhaft. Vor allem, weil wir jetzt mit Fischereiwesen Teil zwei beglückt werden. Ein Hochgenuss. Die beste Methode scheint uns die Ohren einfach zuzuklappen. Auf dem Schiff angekommen, muss ich dann erstmal eine halbe Stunde unter der heißen Dusche stehen um das durchgefrorene Gefühl loszuwerden. Spontan fällt mir wieder ein, dass Roald Amundsen bei seinen Expeditionen diese Möglichkeit nicht in Betracht ziehen konnte. Zum Polarforscher bin ich dann eben doch nicht geboren.

Am Abend finde ich mein Bett herrlich gemütlich. Bis 22 Uhr hat sich beim Nordlicht nichts mehr getan, so dass wir beschlossen haben, für heute Feierabend zu machen. Wie ich das liebe, wenn die Nordlichtdurchsage erfolgt und man gerade im Bett liegt. Anziehen? Ja? Nein? Im Winter ist das ja durchaus eine längere Prozedur. Ich entscheide mich dafür wieder raus zu gehen, also alles wieder anziehen, Skiunterwäsche, Pulli, Schal, Mütze und was sonst noch hilfreich ist, der Kälte standzuhalten. Als ich dann endlich an Deck bin, ist das Nordlicht weg, och neeeeee. Da es ja bekanntlich aber immer wieder kommen kann, beschließe ich draußen zu bleiben. Eine Stunde vergeht und nichts tut sich. Ok, Schluss für heute, raus aus den Klamotten und zurück ins herrlich warme Bett. Kaum liege ich wieder unter der Decke, höre ich erneut die Nordlichtdurchsage. Maaaaaaaaaaan. Diesmal beschließe ich aber, dass ich mich nicht noch einmal mit allem ausstaffiere und ignoriere das Grün am Himmel. Morgen ist auch noch ein Tag.

MS Finnmarken, 2. Januar

Wenn man schon an der russischen Grenze ist, kann man auch wieder mal eine Gruselstunde in punkto Supermarktschick einlegen. Wozu gibt es Sparkjøp, wo es alles gibt, was der russische Geschmack begehrt, von unverzichtbaren Dekostücken bis hin zur designerverdächtigen Kombimode. Zu „Babette Bodeux" gesellt sich heute die goldene Ananas, ein geschmackvoll gestalteter Tischaufsatz, der in keinem Wohnzimmer fehlen darf. Wir überlegen, ob wir zum Jahresbeginn nicht das gesamte Regal leer kaufen sollen. Dazu gesellt sich in besagtem Sparskøp allerhand Geraffel wie goldlackierte Plastikschalen, Keramiktand und man bedauert geradezu, dass der eigene Koffer in seinen Platzmöglichkeiten begrenzt ist. Also schauen wir mal in der Klamottenabteilung vorbei und können uns nicht entscheiden zwischen Billigspitze und Ramschkunstpelz, gekrönt von Schickstrick in Neonfarben. Wir amüsieren uns köstlich.

Nach so viel geballter Geschmacklosigkeit stapfen wir zurück in den Schnee, der heute herrlich unter den Füssen knarrt. Der Hauch von Dämmerung hat sich schon wieder verabschiedet.

Am Nachmittag haben sich so viele wie nie zum Eisbaden in Vardø angemeldet. Das Ganze findet unterm Vollmond statt, fast romantisch, von den Wassertemperaturen abgesehen. Die Tapferen schreiten mutig unter den Augen der Schaulustigen ins kalte Nass und der Mond taucht die ganze Szenerie in ein eigenartig türkises Licht. Wunderschön. Der Weg zur Kirche, den wir uns vorgenommen hatten, fällt dann flach. Rund um den Hafen watet man kniehoch im Schnee, das ist dann doch nicht mehr mit unserer Liegezeit kompatibel. Nächstes mal.

Alle rechnen mit einem ruhigen Abend, auch auf dem Tagesplan sind keine Besonderheiten mehr angekündigt. Um 21 Uhr heißt es: Vorbereitung zur Vinkekonkurranse. Was? Wie das? Also im Winter findet das Ereignis ja eher selten statt, zumal bei uns alle gerade nicht an Bord sind, die das organisatorisch in die Hand nehmen. Nun gut, öfter mal was Neues. Die Crew hat das Ganze selbst in die Hand genommen. Mit Musikanlage draußen, Fahnen schwenken und allem Drum und Dran. Wenig später sind wir in Partylaune, trotz der eisigen Temperaturen. Die Polarlys schwimmt schon vor Berlevåg. Selten, dass die Barentssee im Winter so ruhig ist, dass man überhaupt einigermaßen nah aneinander vorbei fahren kann. Heute sieht es gut aus. Auch auf dem Gegenschiff geht die Party ab, ja, so muss das sein. Als wir einander passieren, gesellt sich auch noch Nordlicht zu uns. Vinkekonkurranse deluxe!

Nachdem wir mit unserer Party fertig sind, hoffen wir noch auf weiteres Nordlichtfeuerwerk, aber nun will es nicht mehr auftauchen. Feierabend für heute.

MS Finnmarken, 3. Januar

Gutes Wetter. Wieder Zeit um mit den Gästen auf eine kleine Fototour in Hammerfest zu gehen. Alle haben brav die Spikes untergeschnallt, so dass wir rutschfrei vorankommen. An der Kirche haben wir uns in ein Motiv verliebt und wollen selbiges durch die knorrigen Bäume hindurch ablichten. Blöd nur, dass die Friedhofsmauer hüfthoch verschneit ist. Ach, was soll's. Wie aufgereiht stehen wir nach ein paar Minuten bis über die Knie in der weißen Pracht, der Schnee rinnt wohlig in die Schuhe und durchnässt dazugehörige Strümpfe. Herrlich. Dafür aber haben wir alle ein Top-Foto fabriziert.

Als wir uns auf dem Schiff wieder trocken legen, wundern wir uns, warum wir nicht ablegen. Schon mehrmals wurden Passagiere ausgerufen. Sollte es diesmal so sein, dass sie tatsächlich nicht an Bord sind? Nach zwanzig Minuten schließlich legen wir ab, unserem Schiff schauen sehnsüchtig zwei Personen nach, die es nicht mehr geschafft haben, rechtzeitig am Kai zu sein. Ja, das sind keine Passagierglücksmomente. Ein Grund, warum wir unseren Gruppenmitgliedern immer gleich zu Beginn der Reise einbleuen, dass man die Uhr im Blick behalten muss, wenn man auf eigene Faust das Schiff verlässt. Unweit hinter Hammerfest naht ein Schnellboot. Die beiden haben tatsächlich eins aufgetrieben. Die Geldbörse wird es nicht freuen, aber sie können die Reise weiter fortführen.

Am Abend müssen wir uns damit abfinden, dass es wohl heute nichts mit Nordlicht wird. Wo nordgehend in punkto grün noch der Bär tanzte, hat sich heute beharrliches Schneetreiben breit gemacht. Wir trösten uns damit, dass es auch mal gut tut, einen Abend nicht in der Kälte zu stehen.

MS Finnmarken, 4. Januar

Ach wie schön, wenn der Wecker klingelt und man nur zwei Stunden geschlafen hat. Ja, so etwas bringe ich auch ohne Seegang immer mal wieder fertig. Ich bin dankbar, dass meine Kollegin heute den Vesterålen-Ausflug begleitet, so dass ich nicht um acht am Kai antreten muss. Ich gebe dann meinen Teil bei der Winkeaktion in Sortland, wenn wir die Ausflügler wieder treffen.

Doch als wir uns für besagtes Winken zum Bug begeben, bekommen wir gleich kostenlose Gymnastikübungen. Der Schneeregen hat eine hauchdünne Eisschicht über den Boden

266

gezogen, die einer Schlittschuhbahn gleich kommt. Darüber liegt hauchdünner Schnee, der schneller wegrutscht, als man seine Beine sortieren kann. Wer schon immer mal Spagat lernen wollte, wird heute grandios unterstützt. Wir kämpfen uns rutschend vor, heute hilft noch nicht mal der Pinguingang, und wir klammern uns an allem fest, was uns in die Finger kommt. Hiiiiiiilfe. Wohlweislich verzichtet die Bordreiseleitung heute darauf, die Winkeaktion durchzusagen um etwaige Knochenbrüche zu verhindern. So sind wir also fünf Tapfere, die darauf beten, dass die Brücke näher kommen möge, so lange unsere Kraft ausreicht, um uns auf den Beinen zu halten.

Am Abend riecht es wieder nach Nordlicht. Sternenklar. Sollte uns zum dritten Mal das Glück beschieden sein, Nordlicht an Land zu sehen? Natürlich stürmen wir alle gleich nach dem Anlegen raus. Ausgerüstet mit Stativ und allem, was man braucht, um die grüne Faszination aufs Bild zu bannen. Erstmal müssen wir uns aber damit begnügen die entzückende Kulisse von Svolvær zu fotografieren. Ohne Nordlicht. Auch hier strahlt der Mond hell über den Bergen, wunderschön. Am gegenüberliegenden Ende des Hafens liegen die Rorbuer verschlafen im Schnee, entzückend. Für uns ist es der kleine abendliche Nach-dem-Essen-Sport. Mal ist der Schnee tragfähig, mal sinkt man bis zu den Knien ein, zeitweise kommen wir aus dem Gackern nicht heraus. Wann wird sich wohl die erste Tür öffnen, um uns zu fragen, ob wir möglicherweise zu viel getrunken haben. Egal. Auch die Gäste haben mächtig Spaß. Immer noch kein Nordlicht. Vorsorglich haben wir uns den Wecker gestellt, im Anblick des Himmels versunken, vergisst man ja doch gerne die Zeit und wir möchten nicht das gleiche Schicksal erleiden wie die zwei gestern in Hammerfest. Aber nichts tut sich an besagtem Himmel. Zum Haare raufen. Die Uhr tickt gegen uns.

Nach eineinhalb Stunden machen wir uns auf den Rückweg zum Schiff, es sollte nicht sein. Aber auch ohne Nordlicht sind wir zufrieden mit unserem Svolværaufenthalt, durchgefroren, aber glücklich.

MS Finnmarken, 5. Januar

Die Sonne geht wieder auf. Wir sind raus aus der Polarnacht und segeln wieder südlich des Polarkreises. Nach fünf Tagen ist es dann doch schön sie wieder zu sehen, auch wenn sie sich hinter einer dichten Wolkenhülle verbirgt. Das Licht wechselt von Suppenküche auf grau-blau-Misch-Masch und umgekehrt. Erst am Nachmittag blitzt das Sternchen hinter den Wolken hervor und beschert uns einen wunderschönen Sonnenunter- gang. Die Glatteislage am Bug hat sich noch nicht gebessert, rumlaufen gestrichen. Das Tänzchen auf dem Eis heben wir uns für Brønnøysund auf, immerhin kann man da wieder die

Spikes unterschnallen. Stockdunkel ist es schon wieder als wir anlegen. Da der Mond sich auch Gott weiß wohin verkrochen hat, ist von der ganzen landschaftlichen Umgebung nichts zu sehen.

Wir freuen uns auf Rørvik, wo wir uns mit der MS Lofoten treffen. Ja, die alte Dame. Im Moment habe ich das Glück ihr fast auf jeder Tour in Rørvik oder Trondheim zu begegnen. Und da meine beiden Kolleginnen noch nicht drauf waren, gehen wir natürlich alle rüber. Viele Gäste tun es uns gleich. So pilgert denn ein Strom von Besuchern hinüber zum kleinen Schiff und wir überlegen schon, ob es genug Ladekapazität für die Massen hat. Die meisten von unseren Gästen finden das nostalgische Schiff entzückend, aber sind dann doch ganz froh über den Komfort unseres eigenen Schiffes. Jeder nach seiner Fasson. Natürlich stehen wir alle bei uns am Heck als die Lofoten ablegt, so dass wir sie nochmal in ihrer vollen Pracht sehen können. Und wieder einmal sagen wir Reiseleiter uns, wie schnell es doch immer geht, bis man in Rørvik wieder südgehend ist, wo man doch eben erst am Anfang der Reise stand. Heute ist die Lofoten in der Glücksposition.

MS Finnmarken, 6. Januar

Schon wieder ist der letzte volle Bordtag angebrochen und mein Tagebuch geht langsam dem Ende zu. Heute ist irgendwie ein Tag des Wartens, deshalb nutzen wir Reiseleiter die Zeit, den Reisebericht zu schreiben. Nachdem wir gemeinsam mit den Gästen auf die gelungene Reise angestoßen haben, heißt es alle einzuchecken. Immerhin findet KLM diesmal alle Buchungen auf Anhieb im System. Welch Entspannung.

Zum Bergtatt-Ausflug ist nochmal ein ganzer Schwung von unserer Gruppe mit auf Tour. Das freut mich außerordentlich, die Reiseende-Ausflugsmüdigkeit konnte sich dieses Mal wohl nicht etablieren. Da meine Kollegin den Ausflug begleitet, packe ich schon mal mein Zeug zusammen. Ja, der Koffer müsste sich von selbst einräumen.

MS Finnmarken, 7. Januar

Um die Wartezeit auf Bergen zu verkürzen laden wir heute Morgen alle ein, unserem Antarktisvortrag zu lauschen. Meine Kollegin war mehrere Jahre dort und hat entsprechende Fotos im Gepäck. Sehnsucht. Jetzt will ich noch mehr den Abstecher auf die Südhalbkugel. Aber vielleicht ergibt sich noch eine Gelegenheit.

Warten. Man könnte ja zwischendurch mal Flüge checken, ob alles pünktlich abfliegt. Wir haben ein paar Gäste auf einem SAS Flug, der nicht wirklich viel Zeit lässt am Hurtigrutenterminal in Bergen lange rumzutrödeln. Wir hoffen also, die Kofferausgabe läuft reibungslos. Vielleicht haben wir ja Glück und besagter Flug verschiebt sich wegen Verspätung ein wenig nach hinten. Die Website von SAS verrät allerdings etwas anderes. Gecancelt. Ja prima. Ach das ist immer das Schönste, vor allem wenn das sonntags passiert und Büros so fabelhaft unterbesetzt sind. Gästen eventuelle Zusatzübernachtungen mitzuteilen ist was Feines. Aber mal sehen, was SAS sich alternativ Schönes ausgedacht hat. Natürlich die beste Variante. Statt um 16:40 Uhr sollen die Gäste nun um 16 Uhr fliegen! Das passt prima, weil uns zeitgleich mitgeteilt wird, dass unser Schiff eine Viertelstunde Verspätung hat. Schiffsankunft in Bergen 14:45 Uhr und Schalterschluss am Flughafen für besagten Gästeflug 15:15 Uhr. Super Sache. In diesem Fall wäre es hilfreich, wenn der Flughafen sich spontan neben den Hurtigrutenterminal verlegt. Nun gut, es nutzt nichts, eine Lösung muss her. Wir haben die vage Hoffnung, dass wenigstens der 16 Uhr Flug jetzt Verspätung hat und es so gerade hinkommt, wenn die Gäste per Taxi zum Airport stürmen. Vorsorglich informieren wir SAS schon mal, dass wir gerade nicht über eine zusätzliche Maschine verfügen, um die Fahrtgeschwindigkeit in den Formel 1 Modus zu erheben. Also heißt die Alternative: in Bergen übernachten. Zumindest wenn der 16 Uhr Flug weg ist. Dann bringen wir den Gästen mal die Glücksbotschaft. Zähneknirschen. Natürlich trifft es immer die, die gleich am nächsten Tag einen wichtigen Geschäftstermin haben. Wir beten schon mal und bestellen an der Rezeption ein Großraumtaxi.

Ankunft in Bergen 14:37 Uhr. Immerhin schon mal acht Minuten wettgemacht. Jetzt gilt es. Ich gehe gleich als Erste mit den besagten Gästen raus. Gott sei Dank waren sie auf Deck sechs untergebracht, die entsprechenden Koffer sollten also bei den ersten sein. Das Taxi steht bereits mit geöffnetem Kofferraum am Terminal. Koffer rein und weg. Wenigstens in punkto Verkehr bin ich froh, dass Sonntag ist. So schnell war ich noch nie am Flughafen. Im Galopp stiefeln wir in die Halle, gleich zu SAS und dort stehen bereits zwei nette Damen, die die Gäste gleich durch die Sicherheitskontrolle schleusen. Verabschiedung im Schnelldurchgang. Wir haben es geschafft. Bis meine Kolleginnen mit unseren Transferbussen eintreffen, sitzen die Frühflieger bereits am Gate. Halleluja.

Am KLM Schalter geht es gleich weiter mit einem hübschen Extra-Programm. Alle Gäste sind ja von uns bereits eingecheckt um den Sitzplatz sicher zu haben. Die nette Dame am Schalter erklärt uns jetzt, dass alle, die am Notausgang sitzen, der englischen Sprache mächtig sein müssen. Anweisungen im Notfall und so. Dementsprechend ist ein hübsches kleines

Tauschroulette fällig. Wie bitte? Zwölf Mann sollen die Plätze tauschen. Im Computer geht das natürlich nicht, sondern nur per Hand. Die Dame erklärt uns, dass wir das ja direkt beim Einchecken hätten umsetzen können. Ich frage, ob sie mir denn auch sagen kann, wie das gehen soll, wenn es bei KLM auf der Website im Dauerzustand heißt: der Sitzplan kann nicht angezeigt werden, Sitzplatzänderungen sind leider nicht möglich. Also müssen wir wohl oder übel die Gäste von Hand umbesetzen. Natürlich ist an der Sicherheitskontrolle der Teufel los. Als ich endlich das Gate erreiche, steht die Schlange schon an zum Bording an. Nix tauschen. Ich beschließe, dass das KLMs Problem ist und die das gefälligst selbst arrangieren sollen. Als alle in der Maschine sitzen, ist natürlich nirgendwo mehr die Rede davon. Viel Lärm um nichts.

Mit dem Abflug enden auch meine Tagebuchaufzeichnungen. Ein Jahr ist schnell rum gegangen, wir Reiseleiter haben mit den Gästen viel erlebt und die Gäste haben viele Erinnerungen mit nach Hause genommen. Mehr als siebenhundert Norwegenentdecker haben unvergessliche Momente genossen und wir Reiseleiter mit ihnen. Den ein oder anderen werden wir bestimmt wieder sehen, in einer anderen Jahreszeit oder auf einem anderen Schiff und alle sind wir uns einig: es ist die schönste Seereise der Welt!